LES PETITS CHEFS-D'ŒUVRE

DE LA MOTHE FÉNELON

FABLES

COMPOSÉES POUR

L'ÉDUCATION DU DUC DE BOURGOGNE

AVEC UNE PRÉFACE

PAR

HIPPOLYTE FOURNIER

PARIS

LIBRAIRIE DES BIBLIOPHILES

Rue Saint-Honoré, 338

—

M DCCC LXXXV

FABLES

DE FÉNELON

TIRAGE A PETIT NOMBRE

Il a été fait un tirage spécial de :

30 exemplaires sur papier de Chine (N⁰ˢ 1 à 30).
30 — sur papier Whatman (N⁰ˢ 31 à 60).
60 exemplaires, numérotés.

DE LA MOTHE-FÉNELON

FABLES

COMPOSÉES POUR

L'ÉDUCATION DU DUC DE BOURGOGNE

AVEC UNE PRÉFACE

PAR

HIPPOLYTE FOURNIER

PARIS

LIBRAIRIE DES BIBLIOPHILES

Rue Saint-Honoré, 338

M DCCC LXXXIV

PRÉFACE

ARMI *les œuvres qui ont contribué à la gloire d'écrivain de Fénelon, il n'en est peut-être pas une qui soit plus curieuse et plus caractéristique que ces simples fables, écrites en vue de corriger les travers et les fautes d'un prince né altier et violent, et devenu par l'éducation doux et humble, pieux et bon. Dans ces feuillets tracés par l'un des plus illustres personnages du règne de Louis XIV se retrouvent, avec toute leur fraîcheur d'expansion, ces sentiments de justice, cette adorable passion d'apôtre de Fénelon pour le bien de l'humanité, cette prescience de tant de progrès inconnus à son temps et cette expérience de prêtre, de penseur, d'économiste, de moraliste et de philosophe mondain, qui eussent fait de l'évêque de Cambrai, grâce à l'influence qu'il conserva jusque dans l'exil sur son royal élève, l'agent indirect des réformes sociales et gouvernementales les plus salu-*

taires, si la mort du duc de Bourgogne n'était pas venue prématurément entraver des efforts qui se fussent certainement changés en bienfaits.

Jamais cette maxime qui, émise sous Louis XIV, dénotait autant de noble indépendance d'esprit que d'ampleur de vue : « Les rois sont faits pour les peuples, et non les peuples pour les rois », ne s'est affirmée dans un cadre plus varié, plus large, malgré des proportions restreintes en apparence, que dans ces courtes fables composées selon les nécessités d'une éducation royale. Destiné à incarner dans sa primitive et plus superbe expression l'aristocrate libéral, le précepteur du duc de Bourgogne commence par se montrer un éducateur accompli, un charmeur qui ravit pour mieux convaincre, qui attache pour plus facilement instruire. Grâce exquise, simplicité vraie, tour ingénieux, douceur persuasive qui permet au précepte de s'imposer en s'infiltrant ; enfin ce je ne sais quoi de familier et de magistral, de séduisant et de moralisateur, qui forme l'essence même de la nature et du génie de Fénelon, tout cela s'accentue plus que partout ailleurs dans les récits que nous remettons aujourd'hui sous les yeux des lettrés.

Cet homme qui nous apparaît à travers les siècles, rêvant et pensant, pesant le moindre mot tombé de sa plume, tout en s'appliquant à imprimer à chaque phrase l'attrait du naturel, le coloré de son imagination vive, auxiliaire aimable d'un jugement droit et d'une intelligence élevée, c'est Fénelon fabuliste.

Le précepteur du petit-fils de Louis XIV n'est pas encore devenu évêque de Cambrai. L'exil n'a point encore fait un saint digne de vénération de ce rival de Bossuet en train de devenir l'émule de La Fontaine. C'est l'heure faste de la protection de Mme de Maintenon, et non celle de la persécution exercée par l'ambitieuse et obséquieuse favorite d'un roi vieilli, qui, tenant rancune à un grand homme capable d'oser élever des barrières devant le pouvoir absolu, traitait de « chimérique » la haute personnalité de Fénelon. Les ducs de Beauvilliers et de Chevreuse, ceux-là noblement fidèles par delà la disgrâce, entourent d'une affection admirative le futur champion du quiétisme, le trop généreux et imprudent défenseur de Mme Guyon.

Selon l'heureuse expression de Sainte-Beuve, quand Fénelon écrit ses fables il n'en est point à « ce naufrage d'espérances qui est aujourd'hui une touchante partie de sa gloire ». Il en est, au contraire, au moment, riche en promesses garanties par de superbes réalités, de cette faveur qui amènera Saint-Simon, malgré son estime pour son célèbre contemporain, à suspecter d'une arrière-pensée d'ambition politique le zélé éducateur dont toute la conduite, du reste, donne un démenti au soupçon du plus clairvoyant des mémorialistes, qui fut en même temps le plus malveillant des observateurs.

Loin de se servir de la flatterie, si douce aux grands, Fénelon évite avec soin, dans ses fables, ce qui pourrait rappeler le courtisan. Et c'est bien ainsi que devait s'y prendre, pour faire d'un enfant fougueux et passionné un prince vertueux, celui dont Saint-Simon, juste cette fois, a tracé le portrait suivant :

« Ce prélat, dit-il, était un grand homme maigre, bien fait, pâle, avec un grand nez, des yeux dont le feu et l'esprit sortaient comme un torrent et une physionomie telle que je n'en ai point vu qui lui ressemblât et qui ne se pouvait oublier quand on ne l'aurait vue qu'une fois. Elle rassemblait tout, et les contrastes ne s'y combattaient pas. Elle avait de la gravité et de la galanterie, du sérieux et de la gaieté ; elle sentait également le docteur, l'évêque et le grand seigneur, et ce qui y surnageait, ainsi que dans toute sa personne, c'était la finesse, l'esprit, les grâces, la décence et surtout la noblesse ; il fallait un effort pour cesser de le regarder..... »

Sainte-Beuve, parlant des fables de Fénelon, n'a pas hésité à établir des comparaisons entre leur auteur et La Fontaine, et, à la date du lundi 1er avril 1850, il écrivait : « Il y a ce rapport entre Fénelon et La Fontaine qu'on les aime tous deux sans bien savoir pourquoi et avant même de les avoir approfondis. Il émane de leurs écrits comme un parfum qui prévient et s'insinue ; la physionomie de l'homme parle d'abord pour l'auteur ; il semble que le regard et le sourire s'en mêlent, et en les approchant le cœur se met de la partie sans demander un compte bien exact à la raison. L'examen chez l'un et chez l'autre pourra montrer bien des défauts, bien des faiblesses ou des langueurs; mais la première impression reste vraie et demeure aussi la dernière... »

Au risque de ressembler à Gros-Jean voulant en remontrer à son maître, nous nous permettrons de regretter que Sainte-Beuve ait omis de signaler aussi la différence qui existe dans l'enseignement des deux maîtres, différence qui se trouve être toute à l'honneur de Fénelon.

Si La Fontaine est plus originalement moraliste, Fénelon est bien plus foncièrement moral. Il n'y a point chez lui cette insouciance de ce que l'on peut appeler le long feu de la pensée qui distingue l'aimable, mais égoïste « Bonhomme ». Entre le commensal épicurien de Mme de Sablé et l'ami quiétiste de Mme Guyon, il y a, faisant pâlir les plus verveuses saillies de la finesse humaine, le pur rayonnement de l'esprit chrétien, charitable et pratique dans ses plus hautes visées.

Prises à la lettre, les fables de La Fontaine, la plupart du temps, forment d'agréables petits traités de coquinerie sociale où le plus fort a seul raison, où le roué a tous les succès, et les naïfs, les bons, les généreux, les faibles, tous les horions. Bien autres sont les conclusions qu'incitent à tirer, sans *misanthropie, sans défiance d'autrui, dans leur vérité d'analyse et leur justesse d'aperçus, les inventions de Fénelon.*

Si la comparaison n'était pas quelque peu hasardée, nous dirions que, dans son genre, Fénelon est à La Fontaine ce que Vauvenargues fut, dans le sien, à La Rochefoucauld.

Comme La Rochefoucauld, La Fontaine n'apprend à connaître la vie qu'en grossissant les travers de tous; comme Vauvenargues, Fénelon y cherche et y trouve ce qui est susceptible de l'ennoblir et de la faire aimer.

Cette douceur d'apôtre dans ce précepteur de roi donne aux FABLES *un caractère singulier simultanément tendre et hautain, une sorte de noble indépendance d'esprit, virilisant les tendances d'une âme sensible; domine, en la grandissant, l'instruction familière, au tour négligé, destinée à l'enfant d'abord, à l'adolescent ensuite, chez qui il faut façonner les idées d'un « roi philosophe », comme disait Fénelon, qui entendait par là non point un roi libre-penseur, mais un roi sage dans la plus magnifique acception du mot.*

Ces mots « roi-philosophe », qui conduisirent à ce que Sainte-Beuve traite, à bon droit, de « fausse vue philosophique » les novateurs du XVIIIe siècle, acquièrent leur véritable portée lorsqu'on analyse le recueil qui nous occupe, car l'homme qui s'y dévoile a l'esprit, la physionomie, du portrait tracé par Saint-Simon : « Il a du docteur, du grand seigneur et de l'évêque. »

Si l'auteur des FABLES considérait, avec Boulainvilliers, que l'opinion qui admet une infériorité de race est, d'après sa propre expression, « une erreur brutale », il n'en arriva d'aucune façon à rêver les masses affranchies de l'autorité de la noblesse et du clergé, pas plus qu'il ne comprenait le moindre antagonisme vis-à-vis du catholicisme.

Très épris des beautés de la littérature grecque, il n'avait pas plus reçu d'atteinte à sa foi, par son goût pour les raffinements de l'imagination antique, qu'il ne devait en sentir diminuer l'ardeur par son rôle, plus inconscient que voulu, d'ailleurs, de précurseur de bon nombre des idées modernes.

Il y avait du lettré et du féodal, mais rien du démocrate et du libre penseur, dans ce chrétien fervent qui s'en allait vers les déshérités de privilèges, guidé par une charité évangélique, nullement par un instinct d'égalitaire.

Chez cet ami des pauvres, chez ce consolateur des affligés, chez ce défenseur des droits des petits, l'horreur du pouvoir absolu doit apparaître, certes, comme une lueur première de rénovation sociale éclairant une belle âme; mais il ne faut pas perdre de vue, et les FABLES, si on l'oubliait, seraient là pour le rappeler, que François Salignac de La Mothe-Fénelon n'eut *jamais la pensée d'être autre chose qu'un fidèle conseiller du fils de ses rois, qu'un obéissant serviteur de l'Église, dont il fut un des plus vertueux et des plus glorieux représentants.*

En transparaissant à travers d'ingénieuses inventions, la figure du précepteur du duc de Bourgogne se dessine si nettement qu'en dehors de l'intérêt qu'elles présentent au point de vue littéraire, les FABLES *auraient le mérite d'entraîner à se faire, par soi-même, l'idée de ce que fut, en même temps que Fénelon, son royal élève.*

M. de Beausset a, depuis longtemps, du reste, aidé la critique à saisir ces nuances lorsqu'il a dit, dans son histoire de l'évêque de Cambrai : « *Si l'on veut connaître la méthode de Fénelon et suivre l'éducation de son élève, on n'a qu'à lire les fables qu'il écrivit pour le jeune prince. Chacune de ces fables fut composée dans le moment même où l'instituteur le jugeait utile ou nécessaire pour rappeler à l'élève la faute qu'il venait de commettre, et lui inculquer d'une manière plus sensible et plus précise la leçon qui devait l'instruire...* »

Il y a donc à faire une large part à l'analyse psychologique dans ces pages si simples et d'une si grande portée. Le penseur y trouve une mine inépuisable de réflexions, et l'historien peut y recueillir d'intéressantes révélations : car, dans les choses de cet ordre, l'exploration n'est jamais close. Tandis que le cri-

*tique y ressaisit au passage les secrets d'une facture
dont l'éloquence négligée a tant de charmes, le cœur
d'un chacun s'y retrempe à la source chaude et pure
des sentiments d'un grand homme de bien, aussi aimant qu'il est illustre, aussi tendre pour son entou-
rage immédiat que charitable pour tous, et dont l'âme
tout entière se révèle par des paroles qui prirent le
caractère d'une prophétie alors que, la Dauphine, le
Dauphin et d'autres de ses amis venant de mourir,
Fénelon, inconsolable, s'écriait, trois mois avant de
disparaître lui-même, en cette année 1715 célèbre
par la fin d'un grand règne : « Je ne vis plus que
par l'amitié, et c'est l'amitié qui me tuera ! »*

HIPPOLYTE FOURNIER.

NOTE DE L'ÉDITEUR

Le recueil qui a paru sous le titre de *Fables composées pour l'éducation du duc de Bourgogne* ne contient pas uniquement des fables, au sens que l'on donne aujourd'hui à ce mot. Étymologiquement, le mot *fable,* qui signifie récit, peut s'appliquer à bien des choses. Au XVIe siècle, il était synonyme de conte, et c'est le nom que Louveau et de Larivey, dans leur traduction, donnent aux contes de Straparole [1], qui, pour la plupart, ne sont rien moins que des fables, et auxquels il manque surtout pour cela d'avoir une *morale.* La distinction entre ces deux genres de récits a été nettement établie par la publication séparée que La Fontaine a faite de ses *Contes* et de ses *Fables.* Voici, d'ailleurs, ce qu'il dit de la fable, ou apologue, dans la préface de ce dernier ouvrage :

« L'apologue est composé de deux parties, dont on peut appeler l'une le corps, l'autre l'ame. Le corps est la fable; l'ame, la moralité. Aristote n'admet dans la fable que les animaux ; il en exclud les hommes et les plantes. Cette regle est moins de necessité que de bien-séance, puisque ni Esope, ni Phedre, ni aucun des fabulistes ne l'a gardée : tout au

---

1. Voir, dans notre PETITE BIBLIOTHÈQUE ARTISTIQUE, les *Facétieuses Nuits du seigneur Straparole,* traduites par J. Louveau et P. de Larivey, publiées avec une préface et des notes de Gustave Brunet, et quatorze dessins de Jules Garnier gravés à l'eau-forte par Champollion. 4 volumes in-16 et in-8. Paris, Librairie des Bibliophiles, 1882.

contraire de la moralité, dont personne ne se dispense. Que s'il m'est arrivé de le faire, ce n'a esté que dans les endroits où elle n'a pû entrer avec grace, et où il est aisé au lecteur de la suppléer. »

Le recueil de Fénelon comprend, outre des fables proprement dites, des récits mythologiques, des tableaux de la vie champêtre dans l'antiquité, des pastorales, des contes de fées ; on est même tout étonné d'y trouver, sous ce titre, *le Fantasque*, une page qu'on croirait détachée des *Caractères* de La Bruyère. Bien que ces récits se suivent tous sous la même dénomination, ceux d'un même genre se trouvent à peu près groupés ensemble, et, sans établir des divisions qui n'existent pas dans l'original, nous avons distingué ces différents groupes en plaçant un fleuron en tête de chacun d'eux. Les mêmes distinctions ont été reproduites dans la table des matières. Les *Fables* de Fénelon, après avoir paru d'abord en 1701 (Paris, Estienne), ont été réimprimées à la suite des *Dialogues* dans l'édition publiée en 1718 par le marquis de Fénelon et son ami M. de Ramsay. C'est dans cette édition que nous avons pris notre texte. Toujours enfouies, depuis lors, dans les œuvres complètes ou choisies, où le lecteur allait bien rarement les chercher, elles méritaient, à tous égards, d'être séparément remises en lumière dans la collection des *Petits Chefs-d'œuvre*.

FABLES

COMPOSÉES POUR L'ÉDUCATION

DE FEU MONSEIGNEUR

LE DUC DE BOURGOGNE

FABLE I

LES AVANTURES D'ARISTONOUS

SOPHRONIME, ayant perdu les biens de ses ancêtres par des naufrages et par d'autres malheurs, s'en consoloit par sa vertu dans l'isle de Delos. Là il chantoit sur une lyre d'or les merveilles du Dieu qu'on y adore. Il cultivoit les Muses, dont il étoit aimé; il recherchoit curieusement tous les secrets de la nature, le cours des astres et des cieux,

Fables de Fénelon.

l'ordre des élemens, la structure de l'univers qu'il mesuroit de son compas, la vertu des plantes, la conformation des animaux ; mais sur tout il s'étudioit lui-même, et s'appliquoit à orner son ame par la vertu : ainsi la fortune, en voulant l'abattre, l'avoit élevé à la veritable gloire, qui est celle de la sagesse.

Pendant qu'il vivoit heureux sans bien dans cette retraite, il apperçut un jour sur le rivage de la mer un vieillard venerable, qui lui étoit inconnu ; c'étoit un étranger qui venoit d'aborder en l'isle. Ce vieillard admiroit les bords de la mer, où il sçavoit que cette isle avoit été autrefois flotante ; il consideroit cette côte, où s'élevoient au-dessus des sables et des rochers de petites collines toûjours couvertes d'un gason naissant et fleuri ; il ne pouvoit assez regarder les fontaines pures et les ruisseaux rapides qui arrosoient cette délicieuse campagne ; il s'avançoit vers les bocages sacrez qui environnent le temple du Dieu ; il étoit étonné de voir cette verdure que les aquilons n'osent jamais ternir ; et il consideroit déja le temple d'un marbre de Paros plus blanc que la neige, environné de hautes colomnes de jaspe. Sophronime n'étoit pas moins attentif à considerer ce vieillard ; sa barbe blanche tomboit sur sa poitrine ; son visage ridé n'avoit rien de difforme ; il étoit encore exempt des injures d'une vieillesse caduque ; ses yeux montroient une douce vivacité ; sa taille étoit haute et majestueuse, mais un peu courbée, et un bâton d'yvoire le soûtenoit. « O étranger, lui dit Sophronime, que cherchez-vous dans cette isle, qui vous paroît inconnuë? Si c'est le temple du Dieu, vous le voyez de loin, et je m'offre de vous y conduire : car je crains les dieux, et j'ai appris ce que Jupiter veut qu'on fasse pour secourir les étrangers.

— J'accepte, répondit ce vieillard, l'offre que vous me faites avec tant de marques de bonté ; je prie les dieux de récompenser votre amour pour les étrangers ; allons vers le temple. » Dans le chemin il raconta à Sophronime le sujet de son voyage. « Je m'appelle, dit-il, Aristonoüs, natif de Clazomene, ville d'Ionie située sur cette côte agreable qui s'avance dans la mer et semble s'aller joindre à l'isle de Chio, fortunée patrie d'Homere. Je nâquis de parens pauvres, quoyque nobles ; mon pere, nommé Polystrate, qui étoit déja chargé d'une nombreuse famille, ne voulut point m'élever ; il me fit exposer par un de ses amis de Teos. Une vieille femme d'Erythre, qui avoit du bien auprès du lieu où l'on m'exposa, me nourrit de lait de chévre dans sa maison ; mais, comme elle avoit à peine de quoi vivre, dès que je fus en âge de servir, elle me vendit à un marchand d'esclaves qui me mena dans la Lycie. Il me vendit à Patare à un homme riche et vertueux, nommé Alcine ; cet Alcine eut soin de moi dans ma jeunesse : je lui parus docile, moderé, sincere, affectionné, et appliqué à toutes les choses honnêtes dont on voulut m'instruire ; il me dévoüa aux arts qu'Apollon favorise ; il me fit apprendre la musique, les exercices du corps, et sur tout l'art de guérir les playes des hommes. J'acquis bientôt une assez grande réputation dans cet art, qui est si necessaire ; et Apollon, qui m'inspira, me découvrit des secrets merveilleux. Alcine, qui m'aimoit de plus en plus et qui étoit ravi de voir le succès de ses soins pour moi, m'affranchit, et m'envoya à Damoclès, roi de Licaonie, qui, vivant dans les délices, aimoit la vie et craignoit de la perdre. Ce roi, pour me retenir, me donna de grandes richesses. Quelques années après, Damoclès mourut. Son fils, irrité contre moi par des flateurs, servit à me dégoûter de toutes les choses qui ont de l'éclat. Je sentis enfin un violent desir de revoir la Lycie, où j'avois passé si doucement mon enfance. J'esperois y retrouver Alcine, qui m'avoit nourri et qui étoit le premier auteur de toute ma fortune. En arrivant dans ce pays, j'appris qu'Alcine étoit mort après avoir perdu ses biens et souffert avec beaucoup de constance les malheurs de sa vieillesse. J'allai répandre des fleurs et des larmes sur ses cendres ; je mis une inscription honorable sur son tombeau ; et je demandai ce qu'étoient devenus ses enfans. On me dit que le seul qui étoit resté, nommé Orciloque, ne pouvant se resoudre à paroître sans biens dans sa patrie, où son pere avoit eu tant d'éclat, s'étoit embarqué dans un vaisseau étranger pour aller mener une vie obscure dans quelque isle écartée de la mer. On m'ajoûta que cet Orciloque avoit fait naufrage, peu de tems après, vers l'isle de Carpathe, et qu'ainsi il ne restoit plus rien de la famille de mon bienfaiteur Alcine. Aussi-tôt je songeai à acheter la maison où il avoit demeuré, avec les champs fertiles qu'il possedoit autour. J'étois bien aise de revoir ces lieux, qui me rappelloient le doux souvenir d'un âge si agreable et d'un si bon maître. Il me sembloit que j'étois encore dans cette fleur de mes premieres années où j'avois servi Alcine. A peine eus-je acheté de ses creanciers les biens de sa succession que je fus obligé d'aller à Clazomene. Mon pere Polystrate et ma mere Phidile étoient morts ; j'avois plusieurs freres qui vivoient mal ensemble ; aussi-tôt que je fus arrivé à Clazomene, je me presentai à eux avec un habit simple, comme un homme dépourvû de biens, en leur montrant les marques avec lesquelles vous sçavez qu'on a soin d'exposer les enfans. Ils furent étonnez de voir ainsi augmenter le nombre des heritiers de Polystrate, qui devoient partager sa petite succession ; ils voulurent même me contester ma naissance, et ils refusérent devant les juges de me reconnoître. Alors, pour punir leur inhumanité, je déclarai que je consentois à être comme un étranger pour eux ; je demandai qu'ils fussent exclus pour jamais d'être mes heritiers. Les juges l'ordonnérent ; et alors je montrai les richesses que j'avois apportées dans mon vaisseau ; je leur découvris que j'étois cet Aristonoüs qui avoit acquis tant de trésors auprès de Damoclès, roi de Licaonie, et que je ne m'étois jamais marié.

« Mes freres se repentirent de m'avoir traité si injustement ; et, dans le desir de pouvoir être un jour mes heritiers, ils firent les derniers efforts, mais inutilement, pour s'insinuer dans mon amitié : leur division fut cause que les biens de notre pere furent vendus ; je les achetai, et ils eurent la douleur de voir tout le bien de notre pere passer dans les mains de celui à qui ils n'avoient pas voulu en donner la moindre partie : ainsi ils tombérent tous dans une affreuse pauvreté. Mais, après qu'ils eurent assez senti leur faute, je voulus leur montrer mon bon naturel ; je leur pardonnai, je les reçûs dans ma maison, je leur donnai à chacun de quoi gagner du bien dans le commerce de la mer ; je les réünis tous, eux et leurs enfans demeurérent ensemble paisiblement chez moi ; je devins le pere commun de toutes ces differentes familles ; par

leur union et par leur application au travail, ils
amassèrent bientôt des richesses considerables.
Cependant la vieillesse, comme vous le voyez, est
venuë frapper à ma porte, elle a blanchi mes cheveux et ridé mon visage; elle m'avertit que je ne
joüirai pas long-tems d'une si parfaite prosperité. Avant que de mourir, j'ai voulu voir encore
une derniere fois cette terre qui m'est si chere, et
qui me touche plus que ma patrie même, cette
Lycie où j'ai appris à être bon et sage sous la
conduite du vertueux Alcine. En y repassant par
mer, j'ai trouvé un marchand d'une des isles
Cyclades, qui m'a assuré qu'il restoit encore à
Delos un fils d'Orciloque, qui imitoit la sagesse
et la vertu de son grand-pere Alcine : aussitôt
j'ai quitté la route de Lycie, et je me suis hâté de
venir chercher, sous les auspices d'Apollon, dans
son isle, ce précieux reste d'une famille à qui je
dois tout. Il me reste peu de tems à vivre : la
Parque, ennemie de ce doux repos que les Dieux
accordent si rarement aux mortels, se hâtera de
trancher mes jours; mais je serai content de mourir,
pourvû que mes yeux, avant que de se fermer à
la lumiere, ayent vû le petit-fils de mon maître.
Parlez maintenant, ô vous qui habitez avec lui
dans cette isle, le connoissez-vous? pouvez-vous
me dire où je le trouverai? Si vous me le faites
voir, puissent les Dieux en récompense vous faire

voir sur vos genoux les enfans de vos enfans jusqu'à la cinquiéme géneration ! Puissent les Dieux conserver toute votre maison dans la paix et dans l'abondance pour fruit de votre vertu ! » Pendant qu'Aristonoüs parloit ainsi, Sophronime versoit des larmes mêlées de joye et de douleur. Enfin il se jette sans pouvoir parler au cou du vieillard, il l'embrasse, il le serre, et il pousse avec peine ces paroles entrecoupées de soûpirs :

« Je suis, ô mon pere, celui que vous cherchez ; vous voyez Sophronime, petit-fils de votre ami Alcine : c'est moi ; et je ne puis douter, en vous écoutant, que les dieux ne vous ayent envoyé ici pour adoucir mes maux. La reconnoissance, qui sembloit perduë sur la terre, se retrouve en vous seul : j'avois oüi dire dans mon enfance qu'un homme celebre et riche établi en Lycaonie avoit été nourri chez mon grand pere ; mais, comme Orciloque mon pere, qui est mort jeune, me laissa au berceau, je n'ai sçu ces choses que confusément, je n'ai osé aller en Lycaonie dans l'incertitude ; et j'ai mieux aimé demeurer dans cette isle, me consolant dans mes malheurs par le mépris des vaines richesses et par le doux emploi de cultiver les Muses dans la maison sacrée d'Apollon. La sagesse, qui accoûtume les hommes à se passer de peu et à être tranquiles, m'a tenu lieu jusqu'ici de tous les autres biens. »

En achevant ces paroles, Sophronime, se voyant arrivé au temple, proposa à Aristonoüs d'y faire sa priere et ses offrandes. Ils firent au Dieu un sacrifice de deux brebis plus blanches que la neige, et d'un taureau qui avoit un croissant sur le front, entre les deux cornes; ensuite ils chantérent des vers en l'honneur du Dieu qui éclaire l'univers, qui regle les saisons, qui préside aux sciences, et qui anime le chœur des neuf Muses. Au sortir du temple, Sophronime et Aristonoüs passérent le reste du jour à se raconter leurs avantures. Sophronime reçut chez lui le vieillard avec la tendresse et le respect qu'il auroit témoigné à Alcine même, s'il eût été encore vivant. Le lendemain ils partirent ensemble, et firent voile vers la Lycie. Aristonoüs mena Sophronime dans une fertile campagne sur le bord du fleuve Xanthe, dans les ondes duquel Apollon, au retour de la chasse, couvert de poussiere, a tant de fois plongé son corps et lavé ses beaux cheveux blonds. Ils trouvérent le long de ce fleuve des peupliers et des saules, dont la verdure tendre et naissante cachoit les nids d'un nombre infini d'oiseaux, qui chantoient nuit et jour. Le fleuve, tombant d'un rocher avec beaucoup de bruit et d'écume, brisoit ses flots dans un canal plein de petits cailloux ; toute la plaine étoit couverte de moissons dorées; les colines, qui s'élevoient en amphitheatre, étoient chargées de seps de vignes et d'arbres fruitiers. Là toute la nature étoit riante et gracieuse; le ciel étoit doux et serein, et la terre toujours prête à tirer de son sein de nouvelles richesses pour payer les peines du laboureur. En s'avançant le long du fleuve, Sophronime apperçut une maison simple et mediocre, mais d'une architecture agreable, avec de justes proportions. Il n'y trouva ni marbre, ni or, ni argent, ni yvoire, ni meubles de pourpre; tout y étoit propre et plein d'agrément et de commodité, sans magnificence. Une fontaine couloit au milieu de la cour et formoit un petit canal le long d'un tapis verd; les jardins n'étoient point vastes : on y voyoit des fruits et des plantes utiles pour nourrir les hommes; aux deux côtez du jardin paroissoient deux bocages, dont les arbres étoient presque aussi anciens que la terre leur mere, et dont les rameaux épais faisoient une ombre impénetrable aux rayons du soleil. Ils entrérent dans un salon, où ils firent un doux repas des mets que la nature fournissoit dans les jardins; et on n'y voyoit rien de ce que la délicatesse des hommes va chercher si loin et si cherement dans les villes : c'étoit du lait aussi doux que celui qu'Apollon avoit le soin de traire pendant qu'il étoit berger chez le roi Admete; c'étoit du miel plus exquis que celui des abeilles d'Hybla en Sicile, ou du mont Hymette dans l'Attique; il y avoit des légumes du jardin, et des fruits qu'on venoit de cuëillir. Un vin plus délicieux que le nectar couloit des grands vases dans des coupes ciselées. Pendant ce repas frugal, mais doux et tranquile, Aristonoüs ne voulut point se mettre à table. D'abord il fit ce qu'il put, sous divers prétextes, pour cacher sa modestie ; mais enfin, comme Sophronime voulut le presser, il déclara qu'il ne se résoudroit jamais à manger avec le petit-fils d'Alcine, qu'il avoit si long-tems servi dans la même salle. « Voilà, lui disoit-il, où ce sage vieillard avoit accoutumé de manger ; voilà où il conversoit avec ses amis ; voilà où il joüoit à divers jeux ; voici où il se promenoit en lisant Hesiode et Homere ; voici où il se reposoit la nuit. » En rappellant ces circonstances, son cœur s'attendrissoit et les larmes couloient de ses yeux. Après le repas, il mena Sophronime voir la belle prairie où erroient ses grands troupeaux mugissans sur le bord du fleuve ; puis ils apperçûrent les troupeaux de moutons qui revenoient des gras pâturages ; les meres bêlantes et pleines de lait y étoient suivies de leurs petits agneaux bondissans. On voyoit par tout les ouvriers empressez, qui aimoient le travail pour l'interêt de leur maître doux et humain, qui se faisoit aimer d'eux et leur adoucissoit les peines de l'esclavage.

Aristonoüs, ayant montré à Sophronime cette

maison, ces esclaves, ces troupeaux et ces terres
devenuës si fertiles par une soigneuse culture, lui
dit ces paroles : « Je suis ravi de vous voir dans
l'ancien patrimoine de vos ancêtres ; me voilà content, puisque je vous mets en possession du lieu
où j'ai servi si long-tems Alcine. Jouissez en paix
de ce qui étoit à lui ; vivez heureux, et préparez-
vous de loin par votre vigilance une fin plus douce
que la sienne. » En même tems il lui fait une donation de ce bien, avec toutes les solemnitez pres-
crites par les loix, et il déclare qu'il exclut de sa
succession ses heritiers naturels, si jamais ils sont
assez ingrats pour contester la donation qu'il a
faite au petit-fils d'Alcine, son bienfaiteur. Mais
ce n'est pas assez pour contenter le cœur d'Aristonoüs. Avant que de donner sa maison, il l'orne
toute entiere de meubles neufs, simples et mo-
destes, à la vérité, mais propres et agréables ; il
remplit les greniers des riches présens de Cerès, et
le celier d'un vin de Chio, digne d'être servi par
la main de Hebé ou de Ganymede à la table du
grand Jupiter ; il y met aussi du vin Parmenien,
avec une abondante provision de miel d'Hymette
et d'Hybla, et d'huile d'Attique, presque aussi
douce que le miel même. Enfin il y ajoûte d'in-
nombrables toisons d'une laine fine et blanche
comme la neige, riches dépoüilles des tendres brebis qui paissoient sur les montagnes d'Arcadie et

dans les gras pâturages de Sicile. C'est en cet état qu'il donne sa maison à Sophronime ; il lui donne encore cinquante talens euboïques, et réserve à ses parens les biens qu'il possede dans la peninsule de Clazomene, aux environs de Smyrne, de Lebede et de Colophon, qui étoient d'un très-grand prix. La donation étant faite, Aristonoüs se rembarque dans son vaisseau pour retourner dans l'Ionie. Sophronime, étonné et attendri par des bienfaits si magnifiques, l'accompagne jusqu'au vaisseau les larmes aux yeux, le nommant toûjours son pere et le serrant entre ses bras. Aristonoüs arriva bientôt chez lui par une heureuse navigation : aucun de ses parens n'osa se plaindre de ce qu'il venoit de donner à Sophronime. « J'ai laissé, leur disoit-il, pour derniere volonté dans mon testament cet ordre que tous mes biens seront vendus et distribuez aux pauvres de l'Ionie, si jamais aucun de vous s'oppose au don que je viens de faire au petit-fils d'Alcine. » Le sage vieillard vivoit en paix, et joüissoit des biens que les Dieux avoient accordez à sa vertu. Chaque année, malgré sa vieillesse, il faisoit un voyage en Lycie pour revoir Sophronime, et pour aller faire un sacrifice sur le tombeau d'Alcine, qu'il avoit enrichi des plus beaux ornemens de l'architecture et de la sculpture. Il avoit ordonné que ses propres cendres, après sa mort, seroient portées dans le même tombeau, afin qu'elles reposassent avec celles de son cher maître. Chaque année au printemps, Sophronime, impatient de le revoir, avoit sans cesse les yeux tournez vers le rivage de la mer pour tâcher de découvrir le vaisseau d'Aristonoüs, qui arrivoit dans cette saison. Chaque année il avoit le plaisir de voir venir de loin au travers des ondes ameres ce vaisseau qui lui étoit si cher; et la venuë de ce vaisseau lui étoit infiniment plus douce que toutes les graces de la nature renaissante au printems, après les rigueurs de l'affreux hyver.

Une année, il ne voyoit point venir comme les autres ce vaisseau tant desiré; il soûpiroit amérement; la tristesse et la crainte étoient peintes sur son visage; le doux sommeil fuyoit loin de ses yeux; nul mets exquis ne lui sembloit doux; il étoit inquiet, allarmé du moindre bruit; toûjours tourné vers le port, il demandoit à tous momens si on n'avoit point vû quelque vaisseau venu d'Ionie : il en vit un; mais, helas! Aristonoüs n'y étoit pas, il ne portoit que ses cendres dans une urne d'argent. Amphiclès, ancien ami du mort et à peu près du même âge, fidele executeur de ses dernieres volontez, apportoit tristement cette urne. Quand il aborda Sophronime, la parole leur manqua à tous deux, et ils ne s'exprimérent que par leurs sanglots. Sophronime, ayant baisé l'urne et l'ayant arrosée de ses larmes, parla ainsi : « O vieillard ! vous avez fait le bonheur de ma vie, et vous me causez maintenant la plus cruelle de toutes les douleurs : je ne vous verrai plus ; la mort me seroit douce pour vous voir et pour vous suivre dans les Champs Élisées, où votre ombre joüit de la bienheureuse paix que les Dieux justes réservent à la vertu. Vous avez ramené en nos jours la justice, la pieté et la reconnoissance sur la terre ; vous avez montré dans un siecle de fer la bonté et l'innocence de l'âge d'or. Les Dieux, avant que de vous couronner dans le séjour des justes, vous ont accordé ici-bas une vieillesse heureuse, agreable et longue ; mais, helas ! ce qui devroit toûjours durer n'est jamais assez long. Je ne sens plus aucun plaisir à joüir de vos dons, puisque je suis réduit à en joüir sans vous. O chere Ombre ! quand est-ce que je vous suivrai ? Précieuses cendres, si vous pouvez sentir encore quelque chose, vous ressentirez sans doute le plaisir d'être mêlées à celles d'Alcine : les miennes s'y mêleront aussi un jour. En attendant, toute ma consolation sera de conserver ces restes de ce que j'ai le plus aimé. O Aristonoüs ! ô Aristonoüs ! non, vous ne mourrez point, et vous vivrez toûjours dans le fond de mon cœur ; plûtôt m'oublier moi-même que d'oublier jamais cet homme si aimable, qui m'a tant aimé, qui aimoit tant la vertu, à qui je devois tout ! »

Après ces paroles entrecoupées de profonds soûpirs, Sophronime mit l'urne dans le tombeau d'Alcine; il immola plusieurs victimes, dont le sang inonda les autels de gason qui environnoient le tombeau; il répandit des libations abondantes de vin et de lait; il brûla des parfums venus du fond de l'Orient, et il s'éleva un nuage odoriferant au milieu des airs. Sophronime établit à jamais pour toutes les années dans la même saison des jeux funebres en l'honneur d'Alcine et d'Aristonoüs : on y venoit de la Carie, heureuse et fertile contrée; des bords enchantez du Méandre, qui se joüe par tant de détours, et qui semble quiter à regret le pays qu'il arrose; des rives toûjours vertes du Caystre; des bords du Pactole, qui roule sous ses flots un sable doré; de la Pamphylie, que Cerès, Pomone et Flore ornent à l'envi; enfin des vastes plaines de la Cilicie, arrosées comme un jardin par les torrens qui tombent du mont Taurus, toûjours couvert de neiges. Pendant cette fête si solemnelle, les jeunes garçons et les jeunes filles, vêtuës de robes traînantes de lin, plus blanches que les lys, chantoient des hymnes à la loüange d'Alcine et d'Aristonoüs : car on ne pouvoit loüer l'un sans loüer aussi l'autre, ni séparer deux hommes si étroitement unis même après leur mort.

Ce qu'il y eut de plus merveilleux, c'est que,

dès le premier jour, pendant que Sophronime faisoit les libations de vin et de lait, un myrthe d'une verdure et d'une odeur exquise nâquit au milieu du tombeau, et éleva tout-à-coup sa tête touffuë pour couvrir les deux urnes de ses ramaux et de son ombre : chacun s'écria qu'Aristonoüs en récompense de sa vertu avoit été changé par les Dieux en un arbre si beau. Sophronime prit soin de l'arroser lui-même et de l'honorer comme une divinité. Cet arbre, loin de vieillir, se renouvelle de dix ans en dix ans; et les Dieux ont voulu faire voir par cette merveille que la vertu, qui jette un si doux parfum dans la mémoire des hommes, ne meurt jamais.

Fables de Fénelon.

FABLE II

LES AVANTURES DE MELESICHTON

MELESICHTON, né à Mégare, d'une race illustre parmi les Grecs, ne songea dans sa jeunesse qu'à imiter dans la guerre les exemples de ses ancêtres : il signala sa valeur et ses talens dans plusieurs expeditions ; et, comme toutes ses inclinations étoient magnifiques, il y fit une dépense éclatante qui le ruina bientôt. Il fut contraint de se retirer dans une maison de campagne sur le bord de la mer, où il vivoit dans une profonde solitude avec sa femme Proxinoë ; elle avoit de l'esprit, du courage, de la fierté. Sa beauté et sa naissance l'avoient fait rechercher par des partis beaucoup plus riches que Melesichton ; mais elle l'avoit préféré à tous les autres pour son seul mérite. Ces deux personnes, qui, par leur vertu et leur amitié, s'étoient rendues mutuellement heureuses pendant plusieurs années, commencérent alors à se rendre mutuellement malheureuses par la compassion qu'elles avoient l'une pour l'autre. Melesichton auroit supporté plus facilement ses malheurs, s'il eût pû les souffrir tout seul, et sans une personne qui lui étoit si chere. Proxinoë sentoit qu'elle augmentoit les peines de Melesichton. Ils cherchoient à se consoler par deux enfans qui sembloient avoir été formez par les Graces; le fils se nommoit Melibée, et la fille Poëmenis. Melibée dans un âge tendre commençoit déja à montrer de la force, de l'adresse et du courage; il surmontoit à la lutte, à la course et aux autres exercices les enfans de son voisinage. Il s'enfonçoit dans les forêts, et ses flêches ne portoient pas des coups moins assurez que celles d'Apollon; il suivoit encore plus ce Dieu dans les sciences et dans les beaux arts que dans les exercices du corps. Melesichton, dans sa solitude, lui enseignoit tout ce qui peut cultiver et orner l'esprit, tout ce qui peut faire aimer la vertu et regler les mœurs. Melibée avoit un air simple, doux et ingénu, mais noble, ferme et hardi. Son pere jettoit les yeux sur lui, et ses yeux se noyoient de larmes. Poëmenis étoit instruite par sa mere dans tous les beaux arts que Minerve a donné aux hommes; elle ajoûtoit aux ouvrages les plus exquis les charmes d'une voix qu'elle joignoit avec une lyre plus touchante que celle d'Orphée. A la voir, on eût cru que c'étoit la jeune Diane sortie de l'isle flotante où elle nâquit. Ses cheveux blonds étoient noüez négligemment derriere sa tête; quelques-uns échappez flottoient sur son cou au gré des vents; elle n'avoit qu'une robe legere, avec une ceinture qui la relevoit un peu, pour être plus en état d'agir. Sans parure elle effaçoit tout ce qu'on peut voir de plus beau, et elle ne le sçavoit pas; elle n'avoit même jamais songé à se regarder sur le bord des fontaines; elle ne voyoit que sa famille et ne songeoit qu'à travailler; mais le pere, accablé d'ennuis et ne voyant plus aucune ressource dans ses affaires, ne cherchoit que la solitude. Sa femme et ses enfans faisoient son supplice; il alloit souvent sur le rivage de la mer, au pied d'un grand rocher plein d'antres sauvages : là il déploroit ses malheurs; puis il entroit dans une profonde vallée, qu'un bois épais déroboit aux rayons du soleil au milieu du jour. Il s'asseyoit sur le gazon qui bordoit une claire fontaine, et toutes les plus tristes pensées revenoient en foule dans son cœur. Le doux sommeil étoit loin de ses yeux, il ne parloit plus qu'en gemissant; la vieillesse venoit avant le tems flêtrir et rider son visage; il oublioit même tous les besoins de la vie, et succomboit à sa douleur.

Un jour, comme il étoit dans cette vallée si profonde, il s'endormit de lassitude et d'épuisement; alors il vit en songe la déesse Cerès, couronnée d'épics dorez, qui se présenta à lui avec un visage doux et majestueux. « Pourquoi, lui dit-elle en l'appellant par son nom, vous laissez-vous abattre aux rigueurs de la fortune? — Helas! repondit-il, mes amis m'ont abandonné; je n'ai plus de biens : il ne me reste que des procès et des creanciers; ma naissance fait le comble de mon malheur, je ne puis me résoudre à travailler comme un esclave pour gagner ma vie. »

Alors Cerès lui répondit : « La noblesse consiste-t-elle dans les biens? Ne consiste-t-elle pas plutôt à imiter la vertu de ses ancêtres? Il n'y a de nobles que ceux qui sont justes. Vivez de peu; gagnez ce peu par votre travail : ne soyez à charge à personne, vous serez le plus noble de tous les hommes. Le genre humain se rend lui-même miserable par sa mollesse et par sa fausse gloire. Si les choses nécessaires vous manquent, pourquoi voulez-vous les devoir à d'autres qu'à vous-même? Manquez-vous de courage pour vous les donner par une vie laborieuse ? »

Elle dit ; et aussitôt elle lui présenta une charrüe d'or avec une corne d'abondance. Alors Bacchus parut couronné de lierre et tenant un thyrse dans sa main : il étoit suivi de Pan qui joüoit de la flûte et qui faisoit danser les Faunes et les Satyres. Pomone se montra chargée de fruits, et Flore ornée de fleurs les plus vives et les plus odoriferantes. Toutes les divinitez champêtres jettérent un regard favorable sur Melesichton.

Il s'éveilla comprenant la force et le sens de ce songe divin ; il se sentit consolé et plein de goût pour tous les travaux de la vie champêtre; il parla de ce songe à Proxinoë, qui entra dans tous ses sentimens. Le lendemain ils congediérent leurs domestiques inutiles ; on ne vit plus chez eux de gens dont le seul emploi fût le service de leurs personnes. Ils n'eurent plus ni char ni conducteur. Proxinoë avec Poëmenis filoient en menant paître leurs moutons ; ensuite elles faisoient leurs toiles et leurs étoffes; puis elles tailloient et cousoient elles-mêmes leurs habits et ceux du reste de la famille. Au lieu des ouvrages de soye, d'or et d'argent, qu'elles avoient accoutumé de faire avec l'art exquis de Minerve, elles n'exerçoient plus leurs doigts qu'au fuseau ou à d'autres travaux semblables. Elles préparoient de leurs propres mains les légumes qu'elles cuëilloient dans leur jardin pour nourir toute la maison. Le lait de leur troupeau, qu'elles alloient traire, achevoit de mettre l'abondance. On n'achetoit rien ; tout étoit préparé proprement et sans peine. Tout étoit bon, simple, naturel, assaisonné par l'appetit inséparable de la sobrieté et du travail.

Dans une vie si champêtre, tout étoit chez eux net et propre; toutes les tapisseries étoient venduës; mais les murailles de la maison étoient blanches, et on ne voyoit nulle part rien de sale ni de dérangé; les meubles n'étoient jamais couverts de poussiere; les lits étoient d'étoffes grossieres, mais propres. La cuisine même avoit une propreté qui n'est point dans les grandes maisons; tout y étoit bien rangé et luisant. Pour régaler la famille dans les jours de fête, Proxinoë faisoit des gâteaux excellens. Elle avoit des abeilles dont le miel étoit plus doux que celuy qui couloit du tronc des chênes creux pendant l'âge d'or. Les vaches venoient d'elles-mêmes offrir des ruisseaux de lait. Cette femme laborieuse avoit dans son jardin toutes les plantes qui peuvent aider à nourrir l'homme en chaque saison, et elle étoit toujours la premiere à avoir les fruits et les légumes de chaque tems ; elle avoit même beaucoup de fleurs, dont elle vendoit une partie, après avoir employé l'autre à orner sa maison. La fille secondoit sa mere, et ne goûtoit d'autre plaisir que celui de chanter en travaillant ou en conduisant ses moutons dans les pâturages; nul autre troupeau n'égaloit le sien : la contagion et les loups même n'osoient en approcher; à mesure qu'elle chantoit, ses tendres agneaux dansoient sur l'herbe, et tous les échos d'alentour sembloient prendre plaisir à répéter ses chansons.

Melesichton labouroit lui-même son champ; lui-même il conduisoit sa charruë, semoit et moissonnoit; il trouvoit les travaux de l'agriculture moins durs, plus innocens et plus utiles que ceux de la guerre. A peine avoit-il fauché l'herbe tendre de ses prairies qu'il se hâtoit d'enlever les dons de Cerès, qui le payoient au centuple du grain semé. Bientôt Bacchus faisoit couler pour lui un nectar digne de la table des Dieux. Minerve lui donnoit aussi le fruit de son arbre, qui est si utile à l'homme. L'hyver étoit la saison du repos où toute la famille assemblée goûtoit une joye innocente, et remercioit les Dieux d'être si désabusée des faux plaisirs; ils ne mangeoient de viande que dans les sacrifices, et leurs troupeaux n'étoient destinez qu'aux autels.

Melibée ne montroit presque aucune des passions de la jeunesse : il conduisoit les grands troupeaux; il coupoit de grands chênes dans les forêts; il creusoit de petits canaux pour arroser les prairies; il étoit infatigable pour soulager son pere; ses plaisirs, quand le travail n'étoit pas de saison, étoient la chasse, les courses avec les jeunes gens de son âge, et la lecture, dont son pere lui avoit donné le goût.

Bientôt Melesichton, en s'accoûtumant à une vie simple, se vit plus riche qu'il ne l'avoit été auparavant : il n'avoit chez lui que les choses nécessaires à la vie, mais il les avoit toutes en abondance. Il n'avoit presque de societé que dans sa famille : ils s'aimoient tous; ils se rendoient mutuellement heureux; ils vivoient loin des palais des rois et des plaisirs qu'on achete si cher : les leurs étoient doux, innocens, simples, faciles à trouver, et sans aucune suite dangereuse. Melibée et Poëmenis furent ainsi élevez dans le goût des travaux champêtres. Ils ne se souvinrent de leur naissance que pour avoir plus de courage en supportant la pauvreté. L'abondance, revenuë dans toute cette maison, n'y ramena point le faste. La famille entiere fut toûjours simple et laborieuse. Tout le monde disoit à Melesichton : « Les richesses rentrent chez vous; il est tems de reprendre votre ancien éclat. » Alors il répondit ces paroles : « A qui voulez-vous que je m'attache, ou au faste qui m'avoit perdu, ou à une vie simple et laborieuse, qui m'a rendu riche et heureux? » Enfin, se trouvant un jour dans ce bois sombre où Cerès l'avoit instruit par un songe si utile, il s'y reposa sur l'herbe avec autant de joye qu'il y avoit eu d'amertume dans le tems passé. Il s'endormit; et la Déesse, se montrant à lui comme dans son premier songe, lui dit ces paroles : « La vraye noblesse consiste à ne recevoir rien de personne et à faire du bien aux autres. Ne recevez donc rien que du sein fécond de la terre et de votre propre travail. Gardez-vous bien de quitter jamais par mollesse ou par fausse gloire ce qui est la source naturelle et inépuisable de tous les biens. »

FABLE III

ARISTÉE ET VIRGILE

VIRGILE, étant descendu aux Enfers, entra dans les campagnes fortunées où les heros et les hommes inspirez des Dieux passoient une vie bien-heureuse sur des gazons toûjours émaillez de fleurs et entrecoupez de mille ruisseaux. D'abord le berger Aristée, qui étoit là au nombre des demi-dieux, s'avança vers lui ayant appris son nom. « Que j'ai de joye, lui dit-il, de voir un si grand poëte ! Vos vers coulent plus doucement que la rosée sur l'herbe tendre, ils ont une harmonie si douce qu'ils attendrissent le cœur et qu'ils tirent les larmes des yeux. Vous en avez fait pour moi et pour mes abeilles, dont Homere même pourroit être jaloux. Je vous dois autant qu'au Soleil et à Cyrene la gloire dont je joüis. Il n'y a pas encore long-tems que je les récitai, ces vers si tendres et si gracieux, à Linus, à Hésiode et à Homere. Après les avoir entendu, ils allerent tous trois boire de l'eau du fleuve Lethé pour les oublier, tant ils étoient affligez de repasser dans leur mémoire des vers si dignes d'eux, qu'ils n'avoient pas fait. Vous sçavez que la nation des poëtes est jalouse. Venez donc parmi eux prendre votre place. — Elle sera bien mauvaise, cette place, répondit Virgile, puisqu'ils sont si jaloux. J'aurai de mauvaises heures à passer dans leur compagnie; je vois bien que vos abeilles n'étoient pas plus faciles à irriter que le cœur des poëtes. — Il est vrai, répondit Aristée; ils bourdonnent comme les abeilles; comme elles, ils ont un aiguillon perçant pour picquer tout ce qui enflâme leur colere. — J'aurai encore, dit Virgile, un autre grand homme à ménager, c'est ici le divin Orphée: comment vivez-vous ensemble? — Assez mal, répondit Aristée. Il est encore jaloux de sa femme, comme les trois autres de la gloire des vers. Mais pour vous il vous recevra bien, car vous l'avez traité honorablement, et vous avez parlé beaucoup plus sagement qu'Ovide de sa querelle avec les femmes de Trace qui le massacrerent. Mais ne tardons pas davantage, entrons dans ce petit bois sacré arrosé de tant de fontaines plus claires que le crystal; vous verrez que toute la troupe sacrée se levera pour vous faire honneur; n'entendez-vous pas déja la lyre d'Orphée? Écoutez Linus qui chante le combat des Dieux contre les geans; Homere se prépare à chanter Achille qui vange la mort de Patrocle par celle d'Hector ; mais Hésiode est celui que vous avez le plus à craindre : car, de l'humeur dont il est, il sera bien fâché que vous ayez osé traiter avec tant d'élegance toutes les choses rustiques qui ont été son partage. » A peine Aristée eut achevé ces mots qu'ils arriverent dans cet ombrage frais où regne un éternel entousiasme qui possede ces hommes divins. Tous se leverent, on fit asseoir Virgile, on le pria de chanter ses vers ; il les chanta d'abord avec modestie, et puis avec transport ; les plus jaloux sentirent malgré eux une douceur qui les ravissoit. La lyre d'Orphée, qui avoit enchanté les rochers et les bois, échappa de ses mains, et des larmes ameres coulerent de ses yeux. Homere oublia pour un moment la magnificence rapide de l'*Iliade* et la varieté agréable de l'*Odyssée* ; Linus crut que ces beaux vers avoient été faits par son pere Apollon, et il étoit immobile, saisi et suspendu par un si doux chant ; Hésiode tout ému ne pouvoit résister à ce charme. Enfin, revenant un peu à lui, il prononça ces paroles pleines de jalousie et d'indignation : « O Virgile, tu as fait des vers plus durables que l'airain et que le bronze ! Mais je te prédis qu'un jour on verra un enfant qui les traduira en sa langue, qui partagera avec toi la gloire d'avoir chanté les abeilles. »

FABLE IV

HISTOIRE D'ALIBEG, PERSAN

Cha-Abbas, roi de Perse, faisant un voyage, s'écarta de toute sa cour pour passer dans la campagne sans y être connu, et pour y voir les peuples dans toute leur liberté naturelle; il prit seulement avec lui un de ses courtisans. « Je ne connois point, lui dit le roi, les véritables mœurs des hommes : tout ce qui nous aborde est déguisé. C'est l'art, et non pas la nature simple, qui se montre à nous. Je veux étudier la vie rustique, et voir ce genre d'hommes qu'on méprise tant, quoyqu'ils soient le vrai soûtien de toute la société humaine. Je suis lassé de voir des courtisans qui m'observent pour me surprendre en me flatant. Il faut que j'aille voir des laboureurs et des bergers qui ne me connoissent pas. » Il passa avec son confident au milieu de plusieurs villages où l'on faisoit des danses; et il étoit ravi de trouver loin des cours des plaisirs tranquiles et sans dépense. Il fit un repas dans une cabane; et, comme il avoit grand faim, après avoir marché plus qu'à l'ordinaire, les alimens grossiers qu'il prit lui parurent plus agréables que tous les mets exquis de sa table. En passant dans une prairie semée de fleurs, qui bordoit un clair ruisseau, il apperçut un jeune berger qui joüoit de la flûte à l'ombre d'un grand ormeau, auprès de ses moutons paissants. Il l'aborde, il l'examine, il lui trouve une physionomie agréable, un air simple et ingénu, mais noble et gracieux. Les haillons dont le berger étoit couvert ne diminuoient point l'éclat de sa beauté. Le roi crût d'abord que c'étoit quelque personne de naissance illustre qui s'étoit déguisée; mais il apprit du berger que son pere et sa mere étoient dans un village voisin, et que son nom étoit Alibeg. A mesure que le roi le questionnoit, il admiroit en lui un esprit ferme et raisonnable. Ses yeux étoient vifs, et n'avoient rien d'ardent et de farouche; sa voix étoit douce, insinuante et propre à toucher. Son visage n'avoit rien de grossier; mais ce n'étoit pas une beauté molle et efféminée. Le berger, d'environ seize ans, ne sçavoit point qu'il fût tel qu'il paroissoit aux autres. Il croyoit penser, parler, être fait comme tous les autres bergers de son village. Mais, sans éducation, il avoit appris tout ce que la raison fait apprendre à ceux qui l'écoutent. Le roy, l'ayant entretenu familierement, en fut charmé ; il sçut de lui sur l'état des peuples tout ce que les rois n'apprennent jamais d'une foule de flateurs qui les environne. De tems en tems il rioit de la naïveté de cet enfant, qui ne ménageoit rien dans ses reponses. C'étoit une grande nouveauté pour le roi que d'entendre parler si naturellement. Il fit signe au courtisan qui l'accompagnoit de ne point découvrir qu'il étoit le roi : car il craignoit qu'Alibeg ne perdît en un moment toute sa liberté et toutes ses graces, s'il venoit à sçavoir devant qui il parloit. « Je vois bien, disoit le prince au courtisan, que la nature n'est pas moins belle dans les plus basses conditions que dans les plus hautes. Jamais enfant de roi n'a paru mieux né que celui-ci qui garde les moutons. Je me trouverois trop heureux d'avoir un fils aussi beau, aussi sensé et aussi aimable. Il me paroît propre à tout ; et, si on a soin de l'instruire, ce sera assurément un jour un grand homme. Je veux le faire élever auprès de moi. » Le roi emmena Alibeg, qui fut bien surpris d'apprendre à qui il s'étoit rendu agréable. On lui fit apprendre à lire, à écrire, à chanter, et ensuite on lui donna des maîtres pour les arts et pour les sciences qui ornent l'esprit. D'abord il fut un peu éblouï de la cour ; et son grand changement de fortune changea un peu son

cœur. Son âge et sa faveur joints ensemble alte-
rerent un peu sa sagesse et sa modération. Au
lieu de sa houlette, de sa flûte et de son habit de
berger, il prit une robe de pourpre brodée d'or,
avec un turban couvert de pierreries. Sa beauté
effaça tout ce que la cour avoit de plus agréable;
il se rendit capable des affaires les plus sérieuses,
et mérita la confiance de son maître, qui, connois-
sant le goût exquis d'Alibeg pour toutes les ma-
gnificences d'un palais, lui donna enfin une charge
très-considerable en Perse, qui est celle de garder
tout ce que le prince a de pierreries et de meubles précieux.

Pendant toute la vie du grand Cha-Abbas, la
faveur d'Alibeg ne fit que croître. A mesure qu'il
s'avança dans un âge plus mûr, il se ressouvint
enfin de son ancienne condition, et souvent il la
regrettoit. « O! beaux jours! disoit-il à lui-même;
jours innocens, jours où j'ai goûté une joye pure
et sans péril; jours depuis lesquels je n'en ai vû
aucun de si doux, ne vous reverrai-je jamais?
Celui qui m'a privé de vous en me donnant tant
de richesses m'a tout ôté. » Il voulut aller revoir
son village; il s'attendrit dans tous les lieux où il
avoit autrefois dansé, chanté, joüé de la flûte avec
ses compagnons. Il fit quelque bien à tous ses
parens et à tous ses amis; mais il leur souhaita
pour principal bonheur de ne quitter jamais la

vie champêtre, et de n'éprouver jamais les malheurs de la cour.

Il les éprouva ces malheurs après la mort de son bon maître Cha-Abbas; son fils Cha-Sephi succeda à ce prince. Des courtisans envieux et pleins d'artifices trouvèrent moyen de le prévenir contre Alibeg. « Il a abusé, disoient-ils, de la confiance du feu roi. Il a amassé des trésors immenses, et a détourné plusieurs choses d'un très grand prix, dont il étoit dépositaire. » Cha-Sephi étoit tout ensemble jeune et prince; il n'en falloit pas tant pour être crédule, inappliqué et sans précaution. Il eut la vanité de vouloir paroître réformer ce que le roi son pere avoit fait et juger mieux que lui. Pour avoir un prétexte de déposseder Alibeg de sa charge, il lui demanda, selon le conseil de ses courtisans envieux, de lui apporter un cimeterre garni de diamans d'un prix immense, que le roi son grand-pere avoit accoutumé de porter dans les combats. Cha-Abbas avoit fait autrefois ôter de ce cimeterre tous ces beaux diamants; et Alibeg prouva par de bons témoins que la chose avoit été faite par l'ordre du feu roi, avant que la charge eût été donnée à Alibeg. Quand les ennemis d'Alibeg virent qu'ils ne pouvoient plus se servir de ce prétexte pour le perdre, ils conseillèrent à Cha-Sephi de lui commander de faire dans quinze jours un inventaire exact de tous les meubles précieux dont il étoit chargé. Au bout de quinze jours il demanda à voir lui-même toutes choses. Alibeg lui ouvrit toutes les portes, et lui montra tout ce qu'il avoit en garde. Rien n'y manquoit ; tout étoit propre, bien rangé, et conservé avec grand soin. Le roi, bien étonné de trouver par tout tant d'ordre et d'exactitude, étoit presque revenu en faveur d'Alibeg, lorsqu'il apperçut au bout d'une grande galerie pleine de meubles très somptueux une porte de fer qui avoit trois grandes serrures. « C'est là, lui dirent à l'oreille les courtisans jaloux, qu'Alibeg a caché toutes les choses précieuses qu'il vous a dérobées. » Aussitôt le roi en colere s'écria : « Je veux voir ce qui est au-delà de cette porte. Qu'y avez-vous mis? Montrez-le-moi. » A ces mots Alibeg se jetta à ses genoux, le conjurant au nom de Dieu de ne lui ôter pas ce qu'il avoit de plus précieux sur la terre. « Il n'est pas juste, disoit-il, que je perde en un moment ce qui me reste, et qui fait ma ressource, après avoir travaillé tant d'années auprès du roi votre pere. Otez-moi, si vous voulez, tout le reste ; mais laissez-moi ceci. » Le roy ne douta point que ce ne fût un tresor mal acquis qu'Alibeg avoit amassé. Il prit un ton plus haut, et voulut absolument qu'on ouvrît cette porte. Enfin Alibeg, qui en avoit les clefs, l'ouvrit lui-même. On ne trouva en ce lieu que la houlette, la flûte et l'habit de berger qu'Alibeg avoit porté autrefois, et qu'il revoyoit souvent avec joye, de peur d'oublier sa premiere condition. « Voilà, dit-il, ô grand roi, les précieux restes de mon ancien bonheur. Ni la fortune ni votre puissance n'ont pu me les ôter. Voilà mon tresor que je garde pour m'enrichir, quand vous m'aurez fait pauvre. Reprenez tout le reste; laissez-moi ces chers gages de mon premier état. Les voilà, mes vrais biens, qui ne me manqueront jamais. Les voilà, ces biens simples, innocens, toûjours doux à ceux qui sçavent se contenter du nécessaire et ne se tourmentent point pour le superflu. Les voilà, ces biens dont la liberté et la sûreté sont les fruits. Les voilà, ces biens qui ne m'ont jamais donné un moment d'embarras. O chers instrumens d'une vie simple et heureuse ! je n'aime que vous ; c'est avec vous que je veux vivre et mourir. Pourquoi faut-il que d'autres biens trompeurs soient venus me tromper et troubler le repos de ma vie? Je vous les rends, grand roi, toutes ces richesses qui me viennent de votre liberalité. Je ne garde que ce que j'avois quand le roi votre pere vint par ses graces me rendre malheureux. » Le roi, entendant ces paroles, comprit l'innocence d'Alibeg, et, étant indigné contre les courtisans qui l'avoient voulu perdre, il les chassa d'auprès de lui. Alibeg devint son principal officier, et fut chargé des affaires les plus secretes; mais il revoyoit tous les jours sa houlette, sa flûte et son ancien habit, qu'il tenoit toûjours prêt dans son trésor pour les reprendre dès que la fortune inconstante troubleroit sa faveur. Il mourut dans une extrême vieillesse, sans avoir jamais voulu ni faire punir ses ennemis, ni amasser aucun bien, et ne laissant à ses parens que de quoi vivre dans la condition de bergers, qu'il crut toûjours la plus sûre et la plus heureuse.

FABLE V

HISTOIRE DE ROSIMOND ET DE BRAMINTE

IL étoit une fois un jeune homme plus beau que le jour, nommé Rosimond, et qui avoit autant d'esprit et de vertu que son frere aîné Braminte étoit mal fait, désagréable, brutal et méchant. Leur mere, qui avoit horreur de son fils aîné, n'avoit des yeux que pour voir le cadet. L'aîné, jaloux, inventa une calomnie horrible pour perdre son frere. Il dit à son pere que Rosimond alloit souvent chez un voisin, qui étoit son ennemi, pour lui rapporter tout ce qui se passoit au logis et pour lui donner les moyens d'empoisonner son pere. Le pere, fort emporté, battit cruellement son fils, le mit en sang, puis le tint trois jours en prison sans nourriture, et enfin le chassa de sa maison, en le menaçant de le tuer, s'il revenoit jamais. La mere épouvantée n'osa rien dire, elle ne fit que gémir. L'enfant s'en alla pleurant, et, ne sçachant où se retirer, il traversa sur le soir un grand bois. La nuit le surprit au pied d'un rocher; il se mit à l'entrée d'une caverne sur un tapis de mousse, où couloit un clair ruisseau, et il s'y endormit de lassitude. Au point du jour, en s'éveillant, il vit une belle femme montée sur un cheval gris, avec une housse en broderie d'or, qui paroissoit aller à la chasse. « N'avez-vous point vû passer un cerf et des chiens? » lui dit-elle. Il répondit que non. Puis elle lui dit : « Il me semble que vous êtes affligé. Qu'avez-vous? lui dit-elle. Tenez, voilà une bague qui vous rendra le plus heureux et le plus puissant des hommes, pourvû que vous n'en abusiez jamais. Quand vous tournerez le diamant en dedans, vous serez d'abord invisible. Dès que vous le tournerez en dehors, vous paroîtrez à découvert. Quand vous mettrez l'anneau à votre petit doigt, vous paroîtrez le fils du roi, suivi de toute une Cour magnifique. Quand vous le mettrez au quatriéme doigt, vous paroîtrez dans votre figure naturelle. » Aussitôt le jeune homme comprit que c'étoit une fée qui lui parloit. Après ces paroles, elle s'enfonça dans les bois. Pour lui, il s'en retourna aussitôt chez son pere, avec impatience de faire l'essai de sa bague. Il vit et entendit tout ce qu'il voulut sans être découvert. Il ne tint qu'à lui de se venger de son frere, sans s'exposer à aucun danger; il se montra seulement à sa mere, l'embrassa, et lui dit toute sa merveilleuse avanture. Ensuite, mettant l'anneau enchanté à son petit doigt, il parut tout-à-coup comme le prince fils du roi, avec cent beaux chevaux et un grand nombre d'officiers richement vêtus. Son pere fut bien étonné de voir le fils du roi dans sa petite maison ; il étoit embarassé, ne sçachant quels respects il devoit lui rendre. Alors Rosimond lui demanda combien il avoit de fils. « Deux, répondit le pere. — Je les veux voir. Faites-les venir tout à l'heure, luy dit Rosimond. Je les veux emmener tous deux à la cour pour faire leur fortune. » Le pere timide répondit en hésitant : « Voilà l'aîné que je vous présente. — Où est donc le cadet ? je le veux avoir aussi, dit encore Rosimond. — Il n'est pas ici, dit le pere. Je l'avois châtié pour une faute, et il m'a quitté. » Alors Rosimond lui dit : « Il falloit l'instruire, mais non pas le chasser. Donnez-moi toûjours l'aîné ; qu'il me suive ; et vous, dit-il, parlant au pere, suivez deux gardes, qui vous conduiront au lieu que je leur marquerai. » Aussitôt deux gardes emmenérent le pere ; et la fée dont nous avons parlé l'ayant trouvé dans une forêt, elle le frappa d'une verge d'or, et le fit entrer dans une caverne sombre et profonde, où il demeura enchanté. « Demeurez-y, dit-elle, jusqu'à ce que votre fils vienne vous en tirer. » Cependant le fils alla à la cour du roi, dans un tems où le jeune prince s'étoit embarqué pour aller faire la guerre dans une isle éloignée : il avoit été emporté par les vents sur des côtes inconnuës, où après un naufrage il étoit captif chez un peuple sauvage. Rosimond parut à la cour comme s'il eût été le prince qu'on croyoit perdu, et que tout le monde pleuroit. Il dit qu'il étoit revenu par le secours de quelques marchands, sans lesquels il seroit péri : il fit la joye publique. Le roi parut si transporté qu'il ne pouvoit parler ; et il ne se lassoit point d'embrasser ce fils qu'il avoit crû mort. La reine fut encore plus attendrie. On fit de grandes réjoüissances dans tout le royaume. Un jour, celui qui passoit pour le prince dit à son véritable frere : « Braminte, vous voyez que je vous ai tiré de votre village pour faire votre fortune ; mais je sçai que vous êtes un menteur, et que vous avez par vos impostures causé le malheur de votre frere Rosimond. Il est ici caché : je veux que vous parliez à lui, et qu'il vous reproche vos impostures. » Braminte, tremblant, se jetta à ses pieds et lui avoüa sa faute. « N'importe, dit Rosimond, je veux que vous parliez à votre frere, et que vous lui demandiez pardon. Il sera bien généreux s'il vous pardonne ; vous ne le méritez pas : il est dans mon cabinet, où je vous le ferai voir tout à l'heure. Cependant je m'en vais dans une chambre voisine, pour vous laisser librement avec lui. »

Braminte entra pour obéir dans le cabinet. Aussitôt Rosimond changea son anneau, passa dans cette chambre, et puis il entra par une autre porte de derriere avec sa figure naturelle, où Braminte fut bien honteux de le voir. Il lui demanda pardon, et lui promit de réparer toutes ses fautes. Rosimond l'embrassa en pleurant, lui pardonna et lui dit : « Je suis en pleine faveur auprès du prince. Il ne tient qu'à moi de vous faire périr ou de vous tenir toute votre vie dans une prison ; mais je veux être aussi bon pour vous que vous avez été méchant pour moi. » Braminte, honteux et confondu, lui répondit avec soûmission, n'osant lever les yeux ni le nommer son frere. Ensuite Rosimond fit semblant de faire un voyage en secret pour aller épouser une princesse d'un royaume voisin ; mais sous ce prétexte il alla voir sa mere, à laquelle il raconta tout ce qu'il avoit fait à la cour, et lui donna dans le besoin quelque petit secours d'argent : car le roi lui laissoit prendre tout celui qu'il vouloit ; mais il n'en prenoit jamais beaucoup. Cependant il s'éleva une furieuse guerre entre le roi et un autre roi voisin, qui étoit injuste et de mauvaise foi. Rosimond alla à la cour du roi ennemi, entra par le moyen de son anneau dans tous les conseils secrets de ce prince, demeurant toûjours invisible. Il profita de tout ce qu'il apprit des mesures des ennemis. Il les prévint et les déconcerta en tout ; il commanda l'armée contre eux ; il les défit entierement dans une grande bataille, et conclut bien-tôt avec eux une paix glorieuse à des conditions équitables. Le roi ne songeoit qu'à le marier avec une princesse heritiere d'un royaume voisin, et plus belle que les graces ; mais, un jour, pendant que Rosimond étoit à la chasse dans la même forêt où il avoit autrefois trouvé la fée, elle se presenta à lui. « Gardez-vous bien, lui dit-elle d'une voix severe, de vous marier, comme si vous étiez le prince ; il ne faut tromper personne ; il est juste que le prince pour qui on vous prend revienne succeder à son pere ; allez le chercher dans une isle, où les vents que j'envoyerai enfler les voiles de votre vaisseau vous meneront sans peine ; hâtez-vous de rendre ce service à votre maître contre ce qui pourroit flater votre ambition, et songez à rentrer en homme de bien dans votre condition naturelle. Si vous ne le faites, vous serez injuste et malheureux, je vous abandonnerai à vos anciens malheurs. » Rosimond profita sans peine d'un si sage conseil. Sous prétexte d'une négociation secrete dans un État voisin, il s'embarqua sur un vaisseau, et les vents le menérent d'abord dans l'isle où la fée lui avoit dit qu'étoit le vrai fils du roi. Ce prince étoit captif chez un peuple sauvage, où l'on lui faisoit garder des troupeaux. Rosimond invisible l'alla enlever dans les pâturages, où il conduisoit son troupeau, et, le couvrant de son propre manteau qui étoit invisible comme lui, il le délivra des mains de ces peuples cruels; ils s'embarquérent ensemble. D'autres vents, obéïssans à la fée, les ramenérent; ils arrivérent ensemble dans la chambre du roi. Rosimond se présenta à lui, et lui dit : « Vous m'avez crû votre fils ; je ne le suis pas, mais je vous le rends; tenez, le voilà lui-même. » Le roi, bien étonné, s'adressa à son fils et lui dit : « N'est-ce pas vous, mon fils, qui avez vaincu mes ennemis et qui avez fait glorieusement la paix ? Ou bien est-il vrai que vous avez fait un naufrage, que vous avez été captif, et que Rosimond vous a délivré ? — Oüi, mon pere, répondit-il. C'est lui qui est venu dans le pays où j'étois captif. Il m'a enlevé; je lui dois la liberté et le plaisir de vous revoir. C'est à lui et non pas à moi à qui vous devez la victoire. » Le roi ne pouvoit croire ce qu'on lui disoit; mais Rosimond, changeant sa bague, se montra au roi sous la figure du prince; et le roi épouvanté vit à la fois deux hommes qui lui parurent tous deux ensemble son même fils. Alors il offrit pour tant de services des sommes immenses à Rosimond, qui les refusa; il demanda seulement au roi la grace de conserver à son frere Braminte une charge qu'il avoit à la cour. Pour lui, il craignit l'inconstance de la fortune, l'envie des hommes et sa propre fragilité. Il voulut se retirer dans son village avec sa mere, où il se mit à cultiver la terre. La fée, qu'il revit encore dans les bois, lui montra la caverne où son pere étoit, et lui dit les paroles qu'il falloit prononcer pour le délivrer. Il prononça avec une tres-sensible joye ces paroles. Il délivra son pere, qu'il avoit depuis long-tems impatience de délivrer, et lui donna de quoi passer doucement sa vieillesse. Rosimond fut ainsi le bienfaiteur de toute sa famille, et il eut le plaisir de faire du bien à tous ceux qui avoient voulu lui faire du mal. Après avoir fait les plus grandes choses pour la cour, il ne voulut d'elle que la liberté de vivre loin de sa corruption. Pour comble de sagesse, il craignit que son anneau ne le tentât de sortir de sa solitude et ne le rengageât dans les grandes affaires. Il retourna dans le bois où la fée lui avoit apparu si favorablement; il alloit tous les jours auprès de la caverne où il avoit eu le bonheur de la voir autrefois; et c'étoit dans l'esperance de l'y revoir. Enfin elle s'y presenta encore à lui, et il lui rendit l'anneau enchanté. « Je vous rends, lui dit-il, un don d'un si grand prix, mais si dangereux, et duquel il est si facile d'abuser. Je ne me croirai en sûreté que quand je n'aurai plus de quoi sortir de ma solitude, avec tant de moyens de contenter toutes mes passions. »

Pendant que Rosimond rendoit cette bague, Braminte, dont le méchant naturel n'étoit point corrigé, s'abandonna à toutes ses passions, et voulut engager le jeune prince, qui étoit devenu roi, à traiter indignement Rosimond. La fée dit à Rosimond : « Votre frere, toûjours imposteur, a voulu vous rendre suspect au nouveau roi et vous perdre ; il mérite d'être puni, et il faut qu'il périsse. Je m'en vais lui donner cette bague que vous me rendez. » Rosimond pleura le malheur de son frere ; puis il dit à la fée : « Comment prétendez-vous le punir par un si merveilleux présent ? Il en abusera pour persecuter tous les gens de bien et pour avoir une puissance sans bornes. — Les mêmes choses, répondit la fée, sont un remede salutaire aux uns et un poison mortel aux autres. La prosperité est la source de tous les maux pour les méchans. Quand on veut punir un scelerat, il n'y a qu'à le rendre bien puissant pour le faire périr bientôt. » Elle alla ensuite au palais ; elle se montra à Braminte sous la figure d'une vieille femme couverte de haillons ; elle lui dit : « J'ai retiré des mains de votre frere la bague que je lui avois prêtée, et avec laquelle il s'étoit acquis tant de gloire : recevez-la de moi, et pensez bien à l'usage que vous en ferez. » Braminte répondit en riant : « Je ne ferai pas comme mon frere, qui fut assez insensé pour aller

chercher le prince, au lieu de regner en sa place. »
Braminte avec cette bague ne songea qu'à découvrir le secret de toutes les familles, qu'à commettre des trahisons, des meurtres et des infamies, qu'à écouter les conseils du roi, qu'à enlever les richesses des particuliers. Ses crimes invisibles étonnoient tout le monde. Le roi, voyant tant de secrets découverts, ne sçavoit à quoi attribuer cet inconvenient; mais la prosperité sans bornes et l'insolence de Braminte lui firent soupçonner qu'il avoit l'anneau enchanté de son frere. Pour le decouvrir, il se servit d'un étranger d'une nation ennemie, à qui il donna une grande somme. Cet homme vint la nuit offrir à Braminte de la part du roi ennemi des biens et des honneurs immenses, s'il vouloit lui faire sçavoir par des espions tout ce qu'il pourroit apprendre des secrets de son roi.

Braminte promit tout, alla même dans un lieu où on luy donna une somme très grande, pour commencer sa récompense. Il se vanta d'avoir un anneau qui le rendoit invisible. Le lendemain le roi l'envoya chercher et le fit d'abord saisir, on lui ôta l'anneau, et on trouva sur lui plusieurs papiers qui prouvoient ses crimes. Rosimond revint à la cour pour demander la grace de son frere, qui lui fut refusée. On fit mourir Braminte; et l'anneau lui fut plus funeste qu'il n'avoit été utile à son frere.

Le roi, pour consoler Rosimond de la punition de Braminte, lui rendit l'anneau, comme un trésor d'un prix infini. Rosimond affligé n'en jugea pas de même; il retourna chercher la fée dans les bois. « Tenez, lui dit-il, voilà votre anneau. L'experience de mon frere m'a fait comprendre ce que je n'avois pas bien compris d'abord quand vous me le dîtes. Gardez cet instrument fatal de la perte de mon frere. Helas! il seroit encore vivant; il n'auroit pas accablé de douleur et de honte la vieillesse de mon pere et de ma mere. Il seroit peut-être sage et heureux, s'il n'avoit jamais eu de quoi contenter ses desirs. Oh qu'il est dangereux de pouvoir plus que les autres hommes! Reprenez votre anneau. Malheur à ceux à qui vous le donnerez! L'unique grace que je vous demande, c'est de ne le donner jamais à aucune des personnes pour qui je m'intéresse. »

FABLE VI

HISTOIRE DE FLORISE

UNE païsanne connoissoit dans son voisinage une fée. Elle la pria de venir à une de ses couches, où elle eut une fille. La fée prit d'abord l'enfant entre ses bras, et dit à la mere : « Choisissez ; elle sera, si vous voulez, belle comme le jour, d'un esprit encore plus charmant que sa beauté, et reine d'un grand royaume, mais malheureuse ; ou bien elle sera laide et païsanne comme vous, mais contente dans sa condition. » La païsanne choisit d'abord pour cet enfant la beauté et l'esprit avec une couronne, au hazard de quelque malheur. Voilà la petite fille dont la beauté commence déja à effacer toutes celles qu'on avoit jamais vûës. Son esprit étoit doux, poli, insinuant ; elle apprenoit tout ce qu'on vouloit lui apprendre, et le sçavoit bientôt mieux que ceux qui le lui avoient appris. Elle dansoit sur l'herbe les jours de fête, avec plus de graces que toutes ses compagnes. Sa voix étoit plus touchante qu'aucun instrument de musique, et elle faisoit elle-même les chansons qu'elle chantoit. D'abord elle ne sçavoit point qu'elle étoit belle ; mais, en joüant avec ses compagnes sur le bord d'une claire fontaine, elle se vit, elle remarqua combien elle étoit differente des autres, elle s'admira. Tout le pays, qui accouroit en foule pour la voir, lui fit encore plus connoître ses charmes. Sa mere, qui comptoit sur les prédictions de la fée, la regardoit déja comme une reine, et la gâtoit par ses complaisances. La jeune fille ne vouloit ni filer, ni coudre, ni garder les moutons ; elle s'amusoit à cüeillir des fleurs, à en parer sa tête, à chanter et à danser à l'ombre des bois. Le roi de ce pays-là étoit fort puissant, et il n'avoit qu'un fils nommé Rosimond qu'il vouloit marier. Il ne put jamais se résoudre à entendre parler d'aucune princesse des États voisins, parce qu'une fée lui avoit assuré qu'il trouveroit une païsanne plus belle et plus parfaite que toutes les princesses du monde. Il prit la résolution de faire assembler toutes les jeunes villageoises de son royaume au-dessous de dix-huit ans, pour choisir celle qui seroit la plus digne d'être choisie. On exclut d'abord une quantité innombrable de filles qui n'avoient qu'une médiocre beauté, et on en sépara trente qui surpassoient infiniment toutes les autres. Florise (c'est le nom de notre jeune fille) n'eut pas de peine à être mise dans ce nombre. On rangea

Fables de Fénelon. 7

ces trente filles au milieu d'une grande salle, dans une espece d'amphitheatre où le roi et son fils les pouvoient regarder toutes à la fois. Florise parut d'abord au milieu de toutes les autres ce qu'une belle anemone paroîtroit parmi des soucis, ou ce qu'un oranger fleuri paroîtroit au milieu des buissons sauvages; le roi s'écria qu'elle méritoit sa couronne. Rosimond se crut heureux de posseder Florise. On lui ôta ses habits de village; on lui en donna qui étoient tous brodez d'or. En un instant elle se vit couverte de perles et de diamants. Un grand nombre de dames étoient occupées à la servir. On ne songeoit qu'à deviner ce qui pouvoit lui plaire, pour le lui donner avant qu'elle eût la peine de le demander. Elle étoit logée dans un magnifique appartement du palais, qui n'avoit au lieu de tapisseries que de grandes glaces de miroir de toute la hauteur des chambres et des cabinets, afin qu'elle eût le plaisir de voir sa beauté multipliée de tous côtez, et que le prince pût l'admirer en quelque endroit qu'il jettât les yeux. Rosimond avoit quitté la chasse, le jeu, tous les exercices du corps, pour être sans cesse auprès d'elle; et, comme le roi son pere étoit mort bientôt après le mariage, c'étoit la sage Florise devenuë reine, dont les conseils décidoient de toutes les affaires de l'État. La reine, mere du nouveau roi, nommée Gronipote, fut jalouse de sa belle-fille. Elle étoit artificieuse, maligne, cruelle. La vieillesse avoit ajouté une affreuse difformité à sa laideur naturelle, et elle ressembloit à une Furie.[1] La beauté de Florise la faisoit paroître encore plus hideuse, et l'irritoit à tout moment; elle ne pouvoit souffrir qu'une si belle personne la défigurât; elle craignoit aussi son esprit, et elle s'abandonna à toutes les fureurs de l'envie. « Vous n'avez point de cœur, disoit-elle souvent à son fils, d'avoir voulu épouser cette petite païsane ; et vous avez la bassesse d'en faire votre idole; elle est fiere comme si elle étoit née dans la place où elle est. Quand le roi votre pere voulut se marier, il me préféra à toute autre, parce que j'étois la fille d'un roi égal à lui. C'est ainsi que vous devriez faire. Renvoyez cette petite bergere dans son village, et songez à quelque jeune princesse dont la naissance vous convienne. » Rosimond résistoit à sa mere; mais Gronipote enleva un jour un billet que Florise écrivoit au roi, et le donna à un jeune homme de la Cour, qu'elle obligea d'aller porter ce billet au roi, comme si Florise lui avoit témoigné toute l'amitié qu'elle ne devoit avoir que pour le roi seul. Rosimond, aveuglé par la jalousie et par les conseils malins que lui donna sa mere, fit enfermer Florise pour toute sa vie dans une haute tour bâtie sur la pointe d'un rocher qui s'élevoit dans la mer. Là elle pleuroit nuit et jour, ne sçachant par quelle injustice le roi, qui l'avoit tant aimée, la traitoit si indignement. Il ne lui étoit permis de voir qu'une vieille femme, à qui Gronipote l'avoit confiée, et qui lui insultoit à tout moment dans cette prison. Alors Florise se ressouvint de son village, de sa cabane, et de tous ses plaisirs champêtres. Un jour, pendant qu'elle étoit accablée de douleur, et qu'elle déploroit l'aveuglement de sa mere qui avoit mieux aimé qu'elle fût belle et reine malheureuse que bergere laide et contente dans son état, la vieille qui la traitoit si mal vint lui dire que le roi envoyoit un bourreau pour lui couper la tête, et qu'elle n'avoit plus qu'à se résoudre à la mort. Florise répondit qu'elle étoit prête à recevoir le coup. En effet, le bourreau envoyé par les ordres du roi, sur les conseils de Gronipote, tenoit un grand coutelas pour l'execution, quand il parut une femme qui dit qu'elle venoit de la part de cette reine pour dire deux mots en secret à Florise avant sa mort. La vieille la laissa parler à elle, parce que cette personne lui parut une des dames du palais; mais c'étoit la fée qui avoit prédit les malheurs de Florise à sa naissance, et qui avoit pris la figure de cette dame de la reine mere. Elle parla à Florise en particulier, en faisant retirer tout le monde. « Voulez-vous, lui dit-elle, renoncer à la beauté qui vous a été si funeste?

Voulez-vous quitter le titre de reine, reprendre vos anciens habits, et retourner dans votre village? » Florise fut ravie d'accepter cette offre. La fée lui appliqua sur le visage un masque enchanté ; aussitôt les traits de son visage devinrent grossiers, et perdirent toute leur proportion ; elle devint aussi laide qu'elle avoit été belle et agréable. En cet état elle n'étoit plus reconnoissable, et elle passa sans peine au travers de tous ceux qui étoient venus là pour être témoins de son supplice ; elle suivit la fée, et repassa avec elle dans son païs. On eut beau chercher Florise, on ne la put trouver en aucun endroit de la tour. On alla en porter la nouvelle au roi et à Gronipote, qui la firent encore chercher, mais inutilement, par tout le royaume. La fée l'avoit renduë à sa mere, qui ne l'eût pas connuë dans un si grand changement, si elle n'en eût été avertie. Florise fut contente de vivre laide, pauvre et inconnuë dans son village, où elle gardoit des moutons. Elle entendoit tous les jours raconter ses avantures et déplorer ses malheurs. On en avoit fait des chansons, qui faisoient pleurer tout le monde ; elle prenoit plaisir à les chanter souvent avec ses compagnes, et elle en pleuroit comme les autres ; mais elle se croyoit heureuse en gardant son troupeau, et ne voulut jamais découvrir à personne qui elle étoit.

FABLE VII

HISTOIRE DU ROI ALFAROUTE
ET DE CLARIPHILE

Il y avoit un roi nommé Alfaroute qui étoit craint de tous ses voisins et aimé de tous ses sujets. Il étoit sage, bon, juste, vaillant, habile; rien ne lui manquoit. Une fée vint le trouver et lui dire qu'il lui arriveroit bientôt de grands malheurs, s'il ne se servoit pas de la bague qu'elle lui mit au doigt. Quand il tournoit le diamant de la bague en dedans de sa main, il devenoit d'abord invisible; et, dès qu'il le retournoit en dehors, il étoit visible comme auparavant. Cette bague lui fut très commode, et lui fit grand plaisir. Quand il se défioit de quelqu'un de ses sujets, il alloit dans le cabinet de cet homme, avec son diamant tourné en dedans; il entendoit et il voyoit tous les secrets domestiques sans être apperçû. S'il craignoit les desseins de quelque roi voisin de son royaume, il s'en alloit jusques dans ses conseils les plus secrets, où il apprenoit tout sans être jamais découvert. Ainsi il prévenoit sans peine tout ce qu'on vouloit faire contre lui ; il détourna plusieurs conjurations formées contre sa personne, et déconcerta ses ennemis qui vouloient l'accabler. Il ne fut pourtant pas content de sa bague, et il demanda à la fée un moyen de se transporter en un moment d'un pays en un autre, pour pouvoir faire un usage plus prompt et plus commode de l'anneau qui le rendoit invisible. La fée lui répondit en soûpirant : « Vous en demandez trop. Craignez que ce dernier don ne vous soit nuisible. » Il n'écouta rien, et la pressa toûjours de le lui accorder. « Hé bien, dit-elle, il faut donc malgré moi vous donner ce que vous vous repentirez d'avoir. » Alors elle lui frotta les épaules d'une liqueur odoriferante. Aussitôt il sentit de petites aîles qui naissoient sur son dos. Ces petites aîles ne paroissoient point sous ses habits ; mais, quand il avoit résolu de voler, il n'avoit qu'à les toucher avec la main ; aussitôt elles devenoient si longues qu'il étoit en état de surpasser infiniment le vol rapide d'un aigle. Dès qu'il ne vouloit plus voler, il n'avoit qu'à retoucher ses aîles ; d'abord elles se rapetissoient, en sorte qu'on ne pouvoit les appercevoir sous ses habits. Par ce moyen le roi alloit par tout en peu de momens ; il sçavoit tout, et on ne pouvoit concevoir par où il devinoit tant de choses : car il se renfermoit et paroissoit demeurer presque toute la journée dans son cabinet, sans que personne osât y entrer. Dès qu'il y étoit, il se rendoit invisible par sa bague, étendoit ses aîles en les touchant, et parcouroit des païs immenses. Par là il s'engagea dans de grandes guerres, où il remporta toutes les victoires qu'il voulut ; mais, comme il voyoit sans cesse les secrets des hommes, il les connut si méchants et si dissimulez qu'il n'osoit plus se fier à personne. Plus il devenoit puissant et redoutable, moins il étoit aimé, et il voyoit qu'il n'étoit aimé d'aucun de ceux-mêmes à qui il avoit fait de plus grands biens. Pour se consoler, il résolut d'aller dans tous les pays du monde chercher une femme parfaite qu'il pût épouser, dont il pût être aimé, et par laquelle il pût se rendre heureux. Il la chercha long-tems ; et, comme il voyoit tout sans être vû, il connoissoit les secrets les plus impenétrables. Il alla dans toutes les cours : il trouva par tout des femmes dissimulées qui vouloient être aimées, et qui s'aimoient trop elles mêmes pour aimer de bonne foi un mari. Il passa dans toutes les maisons particulieres : l'une avoit l'esprit leger et inconstant ; l'autre étoit artificieuse, l'autre hautaine, l'autre bizarre, presque toutes fausses, vaines et idolâtres de leurs personnes. Il descendit jusqu'aux plus basses conditions, et il trouva enfin la fille d'un pauvre laboureur, belle comme le jour, mais simple et ingenuë dans sa beauté, qu'elle comptoit pour rien, et qui étoit en effet sa moindre qualité : car elle avoit un esprit et une vertu qui surpassoit toutes les graces de sa personne. Toute la jeunesse de son voisinage s'empressoit pour la voir; et chaque jeune homme eût crû assurer le bonheur de sa vie en l'épousant. Le roi Alfaroute ne put la voir sans en être passionné. Il la demanda à son pere, qui fut transporté de joye de voir que sa fille seroit une grande reine. Clariphile (c'étoit son nom) passa de la cabane de son pere dans un riche palais, où une cour nombreuse la reçut. Elle n'en fut point éblouïe; elle conserva sa simplicité, sa modestie, sa vertu, et elle n'oublia point d'où elle étoit venuë lorsqu'elle fut au comble des honneurs. Le roi redoubla sa tendresse pour elle, et crut enfin qu'il parviendroit à être heureux. Peu s'en falloit qu'il ne le fût déja, tant il commençoit à se fier au bon cœur de la reine. Il se rendoit à toute heure invisible pour l'observer et pour la surprendre; mais il ne découvroit rien en elle qu'il ne trouvât digne d'être admiré. Il n'y avoit plus qu'un reste de jalousie et de défiance qui le troubloit encore un peu dans son amitié. La fée, qui lui avoit prédit les suites funestes de son dernier don, l'avertissoit souvent, et il en fut importuné. Il donna ordre qu'on ne la laissât plus entrer dans le palais, et dit à la reine qu'il lui défendoit de la recevoir. La reine promit avec beaucoup de peine d'obéir, parce qu'elle aimoit fort cette bonne fée. Un jour la fée, voulant instruire la reine sur l'avenir, entra chez elle sous la figure d'un officier, et déclara à la reine qui elle étoit. Aussitôt la reine l'embrassa tendrement. Le roi, qui étoit alors invisible, l'apperçut, et fut transporté de jalousie jusqu'à la fureur. Il tira son épée, et en perça la reine, qui tomba mourante entre ses bras. Dans ce moment, la fée reprit sa véritable figure. Le roi la reconnut, et comprit l'innocence de la reine. Alors il voulut se tuer. La fée arrêta le coup, et tâcha de le consoler. La reine, en expirant, lui dit : « Quoique je meure de votre main, je meurs toute à vous. » Alfaroute déplora son malheur, d'avoir voulu malgré la fée un don qui lui étoit si funeste. Il lui rendit la bague, et la pria de lui ôter ses aîles. Le reste de ses jours se passa dans l'amertume et dans la douleur. Il n'avoit point d'autre consolation que d'aller pleurer sur le tombeau de Clariphile.

FABLE VIII

HISTOIRE D'UNE VIEILLE REINE
ET D'UNE JEUNE PAYSANNE

Il étoit une fois une reine si vieille, si vieille, qu'elle n'avoit plus ni dents ni cheveux; sa tête branloit comme les feüilles que le vent remuë; elle ne voyoit plus, même avec ses lunettes; le bout de son nez et celui de son menton se touchoient; elle étoit rapetissée de la moitié, et toute en un peloton, avec le dos si courbé qu'on auroit crû qu'elle avoit toûjours été contrefaite. Une fée qui avoit assisté à sa naissance l'aborda, et lui dit : « Voulez-vous rajeunir? — Volontiers, répondit la reine. Je donnerois tous mes joyaux pour n'avoir que vingt ans. — Il faut donc, continua la fée, donner votre vieillesse à quelque autre, dont vous prendrez la jeunesse et la santé. A qui donnerons-nous vos cent ans? » La reine fit chercher par tout quelqu'un qui voulût être vieux pour la rajeunir; il vint beaucoup de gueux qui vouloient vieillir pour être riches; mais, quand ils avoient vû la reine tousser, cracher, raller, vivre de boüillie, être sale, hideuse, puante, souffrante, radoter un peu, ils ne vouloient plus se charger de ses années : ils aimoient mieux mandiér et porter des haillons. Il venoit aussi des ambitieux à qui elle promettoit de grands rangs et de grands honneurs. « Mais que faire de ces rangs? disoient-ils après l'avoir vûë; nous n'oserions nous montrer étant si dégoûtans et si horribles. » Enfin il se présenta une jeune fille du village, belle comme le jour, qui demanda la couronne pour prix de sa jeunesse; elle se nommoit Peronnelle. La reine s'en fâcha d'abord, mais que faire? à quoi sert-il de se fâcher? elle vouloit rajeunir. « Partageons, dit-elle à Peronnelle, mon royaume; vous en aurez une moitié et moi l'autre. C'est bien assez pour vous qui êtes une petite païsanne. — Non, répondit la fille, ce n'est pas assez pour moi. Je veux tout; laissez-moi ma condition de païsanne avec mon teint fleuri, je vous laisserai vos cent ans avec vos rides et la mort qui vous talonne. — Mais aussi, répondit la reine, que ferois-je si je n'avois plus de royaume? — Vous ririez, vous danseriez, vous chanteriez comme moi », lui dit cette fille. En parlant ainsi, elle se mit à rire, à danser et à chanter. La reine, qui étoit bien loin d'en faire autant, lui dit : « Que feriez-vous à ma place? Vous n'êtes point accoutumée à la vieillesse.

— Je ne sçai pas, dit la païsanne, ce que je ferois ; mais je voudrois bien l'essayer : car j'ai toûjours oüi dire qu'il est beau d'être reine. » Pendant qu'elles étoient en marché, la fée survint, qui dit à la païsanne : « Voulez-vous faire votre apprentissage de vieille reine, pour sçavoir si ce métier vous accommodera ? — Pourquoi non ? » dit la fille. A l'instant les rides couvrent son front, ses cheveux blanchissent ; elle devient grondeuse et rechignée ; sa tête branle, et toutes ses dents aussi : elle a déja cent ans. La fée ouvre une petite boëte, et en tire une foulle d'officiers et de courtisans richement vêtus, qui croissent à mesure qu'ils en sortent, et qui rendent mille respects à la nouvelle reine ; on lui sert un grand festin ; mais elle est dégoûtée, et ne sçauroit mâcher ; elle est honteuse et étonnée ; elle ne sçait ni que dire, ni que faire ; elle tousse à crever, elle crache sur son menton ; elle a au nez une roupie gluante, qu'elle essuye avec sa manche ; elle se regarde au miroir, et elle se trouve plus laide qu'une guenuche. Cependant la véritable reine étoit dans un coin, qui rioit et qui commençoit à devenir jolie ; ses cheveux revenoient, et ses dents aussi ; elle reprenoit un bon teint frais et vermeil ; elle se redressoit avec mille petites façons ; mais elle étoit crasseuse, court vétuë, avec ses habits sales, qui sembloient avoir été traînez dans les cendres ; elle n'étoit pas accoûtumée à cet équipage; et les gardes, la prenant pour quelque servante de cuisine, vouloient la chasser du palais. Alors Peronnelle lui dit : « Vous voilà bien embarrassée de n'être plus reine, et moi encore davantage de l'être : tenez, voilà votre couronne, rendez-moi ma cotte grise. » L'échange fut aussitôt fait; et la reine de revieillir, et la païsanne de rajeunir. A peine le changement fut fait que toutes deux s'en repentirent; mais il n'étoit plus tems. La fée les condamna à demeurer chacune dans sa condition. La reine pleuroit tous les jours dès qu'elle avoit mal au bout du doigt; elle disoit : « Helas! si j'étois Peronnelle, à l'heure que je parle, je serois logée dans une chaumiere, et je vivrois de chataignes; mais je danserois sous l'orme avec les bergers, au son de la flûte. Que me sert d'avoir un beau lit, où je ne fais que souffrir, et tant de gens qui ne peuvent me soulager? » Ce chagrin augmenta ses maux; les medecins, qui étoient sans cesse douze autour d'elle, les augmentérent aussi. Enfin elle mourut au bout de deux mois; Peronnelle faisoit une danse ronde le long d'un clair ruisseau avec ses compagnes, quand elle apprit la mort de la reine; alors elle reconnut qu'elle avoit été plus heureuse que sage, d'avoir perdu la royauté. La fée revint la voir, et lui donna à choisir des trois maris : l'un vieux, chagrin, désagréable, jaloux et cruel, mais riche, puissant et très grand seigneur, qui ne pourroit ni jour ni nuit se passer de l'avoir auprès de lui ; l'autre bien fait, doux, commode, aimable et d'une grande naissance, mais pauvre et malheureux en tout. Le dernier, païsan comme elle, qui ne seroit ni beau ni laid, qui ne l'aimeroit ni trop ni trop peu ; qui ne seroit ni riche ni pauvre. Elle ne sçavoit lequel prendre : car naturellement elle aimoit fort les beaux habits, les équipages et les grands honneurs ; mais la fée lui dit : « Allez, vous êtes une sotte. Voyez-vous ce païsan ? voilà le mari qu'il vous faut. Vous aimeriez trop le second ; vous seriez trop aimée du premier ; tous deux vous rendroient malheureuse : c'est bien assez que le troisiéme ne vous batte point ; il vaut mieux danser sur l'herbe ou sur la fougere que dans un palais, et être Peronnelle dans le village qu'une dame malheureuse dans le beau monde. Pourvû que vous n'ayez aucun regret aux grandeurs, vous serez heureuse avec votre laboureur toute votre vie. »

FABLE IX

FABLE DE LYCON

UAND la Renommée, par le son éclatant de sa trompette, eut annoncé aux divinitez rustiques et aux bergers de Cynthe le départ de Lycon, tous ces bois si sombres retentirent de plaintes ameres. Echo les répétoit tristement, et tous les vallons d'alentour. On n'entendoit plus le doux son de la flûte, ni celui du hautbois. Les bergers même, dans leur douleur, brisoient leurs chalumeaux ; tout languissoit ; la tendre verdure des arbres commençoit à s'effacer. Le ciel, jusqu'alors si serain, se chargeoit de noires tempêtes. Les cruels Aquilons faisoient déja frémir les boccages comme en hyver. Les divinitez même les plus champêtres ne furent pas insensibles à cette perte. Les Dryades sortirent des troncs creux des vieux chênes pour regretter Lycon. Il se fit une assemblée de ces tristes divinitez autour d'un grand arbre, qui éle-

voit ses branches vers les cieux, et qui couvroit de
son ombre épaisse la terre sa mere depuis plusieurs
siecles. Helas ! autour de ce vieux tronc noüeux,
et d'une grosseur prodigieuse, les Nymphes de ces
bois, accoûtumées à faire leurs danses et leurs jeux
folâtres, vinrent raconter leur malheur. « C'en est
fait! disoient-elles, nous ne reverrons plus Lycon ;
il nous quitte : la Fortune ennemie nous l'enleve ;
il va être l'ornement et les délices d'un autre boccage plus heureux que le nôtre. Non, il n'est plus
permis d'esperer d'entendre sa voix, ni de le voir
tirant de l'arc et perçant de ses flêches les rapides
oiseaux. » Pan lui-même accourut, ayant oublié
sa flûte; les Faunes et les Satyres suspendirent
leurs danses ; les oiseaux même ne chantoient
plus. On n'entendoit que les cris affreux des hi-
boux et des autres oiseaux de mauvais présage.
Philomele et ses compagnes gardoient un même
silence. Alors Flore et Pomone parurent tout-à-
coup d'un air riant au milieu du boccage, se tenant par la main : l'une étoit couronnée de fleurs,
et en faisoit naître sous ses pas empraints sur le
gazon; l'autre portoit dans une corne d'abondance tous les fruits que l'automne répand sur la
terre pour payer l'homme de ses peines. « Con-
solez-vous, dirent-elles à cette assemblée de dieux
consternez; Lycon part, il est vrai, mais il n'a-
bandonne pas cette montagne consacrée à Apol-

Fables de Fénelon.

lon. Bientôt vous le verrez ici cultivant lui-même nos jardins fortunez. Sa main y plantera les verds arbustes, les plantes qui nourrissent l'homme, et les fleurs qui font ses délices. O Aquilons, gardez-vous de flétrir jamais par vos souffles empestez ces jardins où Lycon prendra des plaisirs innocens ; il préférera la simple nature au faste et aux divertissemens désordonnez ; il aimera ces lieux ; il les abandonne à regret. » A ces mots, la tristesse se change en joye; on chante les loüanges de Lycon; on dit qu'il sera amateur des jardins, comme Apollon a été berger conduisant les troupeaux d'Admete; mille chansons divines remplissent le boccage, et le nom de Lycon passe de l'antique forêt jusqu'aux campagnes les plus reculées. Les bergers le répetent sur leurs chalumeaux; les oiseaux même dans leurs doux ramages font entendre je ne sçai quoi qui ressemble au nom de Lycon. La terre se pare de fleurs, et s'enrichit de fruits. Les jardins, qui attendent son retour, lui préparent les graces du printemps et les magnifiques dons de l'automne. Les seuls regards de Lycon, qu'il jette encore de loin sur cette agréable montagne, la fertilisent. Là, après avoir arraché les plantes sauvages et steriles, il cueillera l'olive et la myrthe, en attendant que Mars lui fasse cuëillir ailleurs des lauriers.

FABLE X

FABLE D'UN JEUNE PRINCE

Le soleil, ayant laissé le vaste tour du ciel en paix, avoit fini sa course et plongé ses chevaux fougueux dans le sein des ondes de l'Hesperie. Le bord de l'horison étoit encore rouge comme la pourpre, et enflâmé des rayons ardents qu'il y avoit répandus sur son passage. La brûlante canicule dessechoit la terre; toutes les plantes alterées languissoient; les fleurs ternies panchoient leurs têtes, et leurs tiges malades ne pouvoient plus les soûtenir; les Zephirs même retenoient leurs douces haleines. L'air que les animaux respiroient étoit semblable à de l'eau tiéde; la nuit, qui répand avec ses ombres une douce fraîcheur, ne pouvoit temperer la chaleur dévorante que le jour avoit causé; elle ne pouvoit verser sur les hommes abattus et défaillans ni la rosée qu'elle fait distiller, quand Hesper brille à la queuë des autres étoiles, ni cette moisson de pavots qui font sentir les charmes du sommeil à toute la nature fatiguée. Le soleil seul dans le sein de Thetys joüissoit d'un profond repos ; mais ensuite, quand il fut obligé de remonter sur son char attelé par les Heures et devancé par l'Aurore qui seme son chemin de roses, il apperçut tout l'Olympe couvert de nuages ; il vit les restes d'une tempête qui avoit effrayé les mortels pendant toute la nuit ; les nuages étoient encore empestez de l'odeur des vapeurs souphrées, qui avoient allumé les éclairs et fait gronder le menaçant tonnerre ; les vents séditieux, ayant rompu leurs chaînes et forcé leurs cachots profonds, mugissoient encore dans les vastes plaines de l'air; des torrens tomboient des montagnes dans tous les vallons. Celui dont l'œil plein de rayons anime toute la nature voyoit de toutes parts en se levant le reste d'un cruel orage ; mais (ce qui l'émut davantage) il vit un jeune nourrisson des Muses, qui lui étoit fort cher, à qui la tempête avoit dérobé le sommeil, lorsqu'il commençoit déja à étendre ses sombres ailes sur ses paupieres ; il fut sur le point de ramener ses chevaux en arriere et de retarder le jour, pour rendre le repos à celui qui l'avoit perdu. « Je veux, dit-il, qu'il dorme. Le sommeil rafraîchira son sang, appaisera sa bile, lui donnera la santé et la force dont il aura besoin pour imiter les travaux d'Hercule, lui inspirera je ne sçai quelle douceur tendre, qui pourroit seule lui manquer. Pourvû qu'il dorme, qu'il lie, qu'il adoucisse son temperament, qu'il aime les jeux de la societé, qu'il prenne plaisir à aimer les hommes et à se faire aimer d'eux, toutes les graces de l'esprit et du corps viendront en foule pour l'orner. »

FABLE XI

LE JEUNE BACCHUS ET LE FAUNE

Un jour le jeune Bacchus, que Silene instruisoit, cherchoit les Muses dans un boccage dont le silence n'étoit troublé que par le bruit des fontaines et par le chant des oiseaux. Le soleil n'en pouvoit avec ses rayons percer la sombre verdure. L'enfant de Semelé, pour étudier la langue des Dieux, s'assit dans un coin, au pied d'un vieux chêne, du tronc duquel plusieurs hommes de l'âge d'or étoient nez. Il avoit même autrefois rendu des oracles, et le Temps n'avoit osé l'abattre de sa tranchante faux. Auprès de ce chêne sacré et antique, se cachoit un jeune Faune, qui prêtoit l'oreille aux vers que chantoit l'enfant, et qui marquoit à Silene par un ris mocqueur toutes les fautes que faisoit son disciple. Aussitôt les Nayades et les autres Nimphes du bois soûrioient aussi. Le critique étoit jeune, gracieux et folâtre; sa tête étoit couronnée de lierre et de pampre. Ses tempes étoient ornées de grappes de raisin. De son épaule gauche pendoit sur son côté droit en écharpe un feston de lierre, et le jeune Bacchus se plaisoit à voir ces feüilles consacrées à sa divinité. Le Faune étoit envelopé au-dessus de la ceinture par la dépoüille affreuse et hérissée d'une jeune lyonne qu'il avoit tuée dans les forêts. Il tenoit dans sa main une houlette courbée et noüeuse. Sa queuë paroissoit derriere comme se joüant sur son dos; mais, comme Bacchus ne pouvoit souffrir un rieur malin, toûjours prêt à se mocquer de ses expressions, si elles n'étoient pures et élegantes, il lui dit d'un ton fier et impatient : « Comment oses-tu te mocquer du fils de Jupiter ? » Le Faune répondit sans s'émouvoir : « Hé! comment le fils de Jupiter ose-t-il faire quelque faute? »

FABLE XII

LE ROSSIGNOL ET LA FAUVETTE

Sur les bords toûjours verds du fleuve Alphée, il y a un boccage sacré où trois Nayades répandent à grand bruit leurs eaux claires et arrosent les fleurs naissantes. Les Graces y vont souvent se baigner; les arbres de ce boccage ne sont jamais agitez par les vents qui les respectent; ils sont seulement caressez par le souffle des doux Zéphirs. Les Nymphes et les Faunes y font la nuit des danses au son de la flûte de Pan. Le soleil ne sçauroit percer de ses rayons l'ombre épaisse que forment les rameaux entrelassez de ce boccage. Le silence, l'obscurité et la délicieuse fraîcheur y regnent le jour comme la nuit. Sous ce feüillage on entend Philomele qui chante d'une voix plaintive et mélodieuse ses anciens malheurs, dont elle n'est pas encore consolée. Une jeune fauvette au contraire y chante ses plaisirs, et elle annonce le printems à tous les bergers d'alentour. Philomele même est jalouse des chansons tendres de sa compagne. Un jour elles apperçûrent un jeune berger, qu'elles n'avoient point encore vu dans ces bois; il leur parut gracieux, noble, aimant les Muses et l'harmonie; elles crûrent que c'étoit Apollon, tel qu'il fut autrefois chez le roi Admete, ou du moins quelque jeune heros du sang de ce Dieu. Les deux oiseaux, inspirez par les Muses, commencérent aussitôt à chanter ainsi :

Quel est donc ce berger, ou ce dieu inconnu, qui vient orner notre boccage? Il est sensible à nos chansons; il aime la poësie, elle adoucira son cœur et le rendra aussi aimable qu'il est fier.

Alors Philomele continua seule :

Que ce jeune heros croisse en vertu comme une fleur que le printems fait éclorre; qu'il aime les doux jeux de l'esprit; que les Graces soient sur ses lévres; que la sagesse de Minerve regne dans son cœur.

La Fauvette lui répondit :

Qu'il égale Orphée par les charmes de sa voix et Hercule par ses hauts faits. Qu'il porte dans son cœur l'audace d'Achille, sans en avoir la férocité; qu'il soit bon, qu'il soit sage, bienfaisant, tendre pour les hommes et aimé d'eux ; que les Muses fassent naître en lui toutes les vertus.

Puis les deux oiseaux inspirez reprirent ensemble :

Il aime nos douces chansons ; elles entrent dans son cœur comme la rosée tombe sur nos gazons brûlez par le soleil ; que les dieux le modérent et le rendent toûjours fortuné ; qu'il tienne en sa main la corne d'abondance ; que l'âge d'or revienne par lui ; que la sagesse se répande de son cœur sur tous les mortels, et que les fleurs naissent sous ses pas.

Pendant qu'elles chantoient, les Zéphirs retinrent leurs haleines. Toutes les fleurs du boccage s'épanoüirent ; les ruisseaux formez par les trois fontaines suspendirent leurs cours. Les Satyres et les Faunes, pour mieux écouter, dressoient leurs oreilles aiguës. Écho redisoit ces belles paroles à tous les rochers d'alentour, et toutes les Dryades sortirent du sein des arbres verds, pour admirer celui que Philomele et sa compagne venoient de chanter.

FABLE XIII

LE FANTASQUE

Qu'est-il donc arrivé de funeste à Melanthe? Rien au dehors, tout au dedans. Ses affaires vont à souhait. Tout le monde cherche à lui plaire. Quoi donc! Est-ce que sa rate fume? Il se coucha hier les délices du genre humain. Ce matin on est honteux pour lui, il faut le cacher; en se levant, le pli d'un chausson lui a déplu; toute la journée sera orageuse, et tout le monde en souffrira. Il fait peur, il fait pitié; il pleure comme un enfant, il rugit comme un lion. Une vapeur maligne et farouche trouble et noircit son imagination, comme l'encre de son écritoire barbouille ses doigts. N'allez pas lui parler des choses qu'il aimoit le plus il n'y a qu'un moment. Par la raison qu'il les a aimées, il ne les sauroit plus souffrir. Les parties de divertissement qu'il a tant désirées lui deviennent ennuieuses, il faut les rompre. Il cherche à contredire, à se plaindre, à piquer les autres. Il s'irrite de voir qu'ils ne veulent point se fâcher. Souvent il porte ses coups en l'air, comme un taureau furieux qui avec ses cornes aiguisées va se battre contre les vents. Quand il manque de prétexte pour attaquer les autres, il se tourne contre lui-même. Il se blâme, il ne se trouve bon à rien, il se décourage, il trouve fort mauvais qu'on veuille le consoler. Il veut être seul, et ne peut supporter la solitude. Il revient à la compagnie, et s'aigrit contre elle. On se tait, ce silence affecté le choque. On parle tout bas, il s'imagine que c'est contre lui. On parle tout haut, il trouve qu'on parle trop, et qu'on est trop gay pendant qu'il est triste. On est triste, cette tristesse lui paroît un reproche de ses fautes. On rit, il soupçonne qu'on se moque de lui. Que faire ? Estre aussi ferme et aussi patient qu'il est insupportable, et attendre en paix qu'il revienne demain aussi sage qu'il étoit hier. Cette humeur étrange s'en va comme elle vient. Quand elle le prend, on diroit que c'est un ressort de machine qui se démonte tout à coup. Il est comme on dépeint les possedez ; sa raison est comme à l'envers, c'est la déraison elle-même en personne. Poussez-le, vous lui ferez dire en plein jour qu'il est nuit : car il n'y a plus ni jour ni nuit pour une tête démontée par son caprice. Quelquefois il ne peut s'empêcher d'être étonné de ses excès et de ses fougues. Malgré son chagrin, il soûrit des paroles extravagantes qui lui ont échapé. Mais quel moyen de prévoir ces orages et de conjurer la tempête ? Il n'y en a aucun ; point de bons almanachs pour prédire ce mauvais tems. Gardez-vous bien de dire : « Demain nous irons nous divertir dans un tel jardin » ; l'homme d'aujourd'huy ne sera point celui de demain ; celui qui vous promet maintenant disparoîtra tantôt, vous ne sçaurez plus où le prendre pour le faire souvenir de sa parole : en sa place vous trouverez un je ne sçai quoi qui n'a ni forme ni nom, qui n'en peut avoir, et que vous ne sçauriez définir deux instans de suite de la même maniere. Etudiez-le bien, puis dites-en tout ce qu'il vous plaira, il ne sera plus vrai le moment d'après que vous l'aurez dit. Ce je ne sçai quoi veut et ne veut pas ; il menace, il tremble ; il mêle des hauteurs ridicules avec des bassesses indignes. Il pleure, il rit, il badine, il est furieux. Dans sa fureur la plus bizarre et la plus insensée il est plaisant, éloquent, subtil, plein de tours nouveaux, quoi qu'il ne lui reste pas même une ombre de raison. Prenez bien garde de ne lui rien dire qui ne soit juste, précis, et exactement raisonnable ; il sçauroit bien en prendre avantage, et vous donner adroitement le change ; il passeroit d'abord de son tort au vôtre, et deviendroit raisonnable pour le seul plaisir de vous convaincre que vous ne l'êtes pas. C'est un rien qui l'a fait monter jusqu'aux nues; mais ce rien qu'est-il devenu? il s'est perdu dans la mêlée; il n'en est plus question : il ne sçait plus ce qui l'a fâché, il sçait seulement qu'il se fâche et qu'il veut se fâcher, encore même ne le sçait-il pas toûjours. Il s'imagine souvent que tous ceux qui lui parlent sont emportez, et que c'est lui qui se modere, comme un homme qui a la jaunisse croit que tous ceux qu'il voit sont jaunes, quoique le jaune ne soit que dans ses yeux. Mais peut-être qu'il épargnera certaines personnes ausquelles il doit plus qu'aux autres, ou qu'il paroît aimer davantage? Non, sa bizarrerie ne connoît personne; elle se prend sans choix à tout ce qu'elle trouve; le premier venu lui est bon pour se décharger; tout lui est égal pourvû qu'il se fâche, il diroit des injures aux gens qu'il doit le plus considerer. Il ne les aime plus, il n'en est point aimé; on le persecute, on le trahit; il ne doit rien à qui que ce soit. Mais attendez un moment, voici une autre scene. Il a besoin de tout le monde, il aime, on l'aime aussi, il flatte, il s'insinue, il ensorcelle tous ceux qui ne pouvoient plus le souffrir; il avoue son tort, il rit de ses bizarreries, il se contrefait, et vous croiriez le voir dans ses excès d'emportement, tant il se contrefait bien. Après cette comedie jouée à ses propres dépens, vous croyez bien qu'au moins il ne fera plus le démoniaque. Helas! vous vous trompez, il le fera encore ce soir, pour s'en moquer demain sans se corriger.

FABLE XIV

LA MEDAILLE

JE crois, Monsieur, que je ne dois point perdre de temps pour vous informer d'une chose très curieuse, et sur laquelle vous ne manquerez pas de faire bien des réflexions. Nous avons en ce pays un sçavant nommé M. Wanden, qui a de grandes correspondances avec les antiquaires d'Italie ; il prétend avoir reçû par eux une medaille antique que je n'ai pû voir jusqu'ici, mais dont il a fait frapper des copies qui sont très bien faites, et qui se répandront bientôt, selon les apparences, dans tous les pays où il y a des curieux. J'espere que dans peu de jours je vous en envoyerai une. En attendant je vais vous en faire la plus exacte description que je pourrai. D'un côté, cette medaille, qui est fort grande, represente un enfant d'une figure très belle et très noble ; on voit Pallas qui le couvre de son égide ; en même temps les trois Graces sement son chemin de fleurs ; Apollon suivi des Muses lui offre sa lyre ; Venus paroît en l'air

dans son char attelé de colombes, qui laisse tomber
sur lui sa ceinture ; la Victoire lui montre d'une main
un char de triomphe, et de l'autre lui presente une
couronne; les paroles sont prises d'Horace : *Non
sine dis animosus infans*. Le revers est bien different.
Il est manifeste que c'est le même enfant, car on
reconnoît d'abord le même air de tête; mais il
n'a autour de lui que des masques grotesques et
hideux, des reptiles venimeux, comme des viperes
et des serpens, des insectes, des hibous ; enfin des
harpies sales qui répandent de tous côtez de l'or-
dure, et qui déchirent tout avec leurs ongles cro-
chus. Il y a une troupe de satyres impudents et
moqueurs qui font les postures les plus bizarres,
qui rient, et qui montrent du doigt la queuë d'un
poisson monstrueux par où finit le corps de ce
bel enfant. Au bas on lit ces paroles, qui, comme
vous sçavez, sont aussi d'Horace : *Turpiter atrum
desinit in piscem*. Les sçavans se donnent beaucoup
de peine pour découvrir en quelle occasion cette
medaille a pû être frappée dans l'antiquité. Quelques-uns soutiennent qu'elle représente Caligula,
qui, étant fils de Germanicus, avoit donné dans
son enfance de hautes esperances pour le bonheur
de l'empire, mais qui dans la suite devint un
monstre. D'autres veulent que tout ceci ait été
fait pour Neron, dont les commencemens furent
si heureux et la fin si horrible. Les uns et les au-

tres conviennent qu'il s'agit d'un jeune prince éblouissant, qui promettoit beaucoup, et dont toutes les esperances ont été trompeuses. Mais il y en a d'autres plus défians, qui ne croyent point que cette medaille soit antique. Le mystere que fait M. Wanden pour cacher l'original donne de grands soupçons. On s'imagine voir quelque chose de notre temps figuré dans cette medaille. Peut-être signifie-t-elle de grandes esperances qui se tourneront en de grands malheurs ; il semble qu'on affecte de faire entrevoir malignement quelque jeune prince dont on tâche de rabaisser toutes les bonnes qualitez par des défauts qu'on lui impute. D'ailleurs, M. Wanden n'est pas seulement curieux, il est encore politique, fort attaché au prince d'Orange, et on soupçonne que c'est d'intelligence avec lui qu'il veut répandre cette medaille dans toutes les Cours de l'Europe. Vous jugerez bien mieux que moi, Monsieur, ce qu'il en faut croire. Il me suffit de vous avoir fait part de cette nouvelle, qui fait raisonner ici avec beaucoup de chaleur tous nos gens de lettres, et de vous assurer que je suis toûjours votre très humble et très obéïssant serviteur,

BAYLE.

D'Amsterdam, le 4 may 1691.

FABLE XV

FABLE DU DRAGON ET DES RENARDS

Un dragon gardoit un tresor dans une profonde caverne ; il veilloit jour et nuit pour le conserver. Deux renards, grands fourbes et grands voleurs de leur métier, s'insinuérent auprès de lui par leurs flateries. Ils devinrent ses confidens. Les gens les plus complaisans et les plus empressez ne sont pas les plus sûrs. Ils le traitoient de grand personnage, admiroient toutes ses fantaisies, étoient toûjours de son avis, et se moquoient entre eux de leur duppe. Enfin il s'endormit un jour entre eux ; ils l'étranglérent et s'emparérent du tresor. Il fallut le partager entre eux : c'étoit une affaire bien difficile, car deux scélerats ne s'accordent que pour faire le mal. L'un d'eux se mit à moraliser. « A quoi, disoit-il, nous servira tout cet argent ? un peu de chasse nous vaudroit mieux : on ne mange point du métail ; les pistoles sont de mauvaise digestion. Les hommes sont des foux d'aimer tant ces fausses richesses. Ne soyons pas aussi insensez qu'eux. » L'autre fit semblant d'être touché de ces reflexions, et assura qu'il vouloit vivre en philosophe comme Bias, portant tout son bien sur lui. Chacun fit semblant de quitter le tresor ; mais ils se dressérent des embûches, et s'entredéchirérent. L'un d'eux en mourant dit à l'autre, qui étoit aussi blessé que lui : « Que voulois-tu faire de cet argent? — La même chose que tu voulois en faire », repondit l'autre. Un homme passant apprit leur avanture, et les trouva bien foux. « Vous ne l'êtes pas moins que nous, lui dit un des renards. Vous ne sçauriez non plus que nous vous nourrir d'argent, et vous vous tuez pour en avoir. Du moins notre race jusqu'ici a été assez sage pour ne mettre en usage aucune monoye. Ce que vous avez introduit chez vous pour la commodité fait votre malheur. Vous perdez les vrais biens, pour chercher les biens imaginaires. »

FABLE XVI

LES DEUX RENARDS

Deux renards entrérent la nuit par surprise dans un poulailler; ils étranglerent le coq, les poules et les poullets; aprés ce carnage, ils appaisérent leur faim. L'un, qui étoit jeune et ardent, vouloit tout dévorer; l'autre, qui étoit vieux et avare, vouloit garder quelque provision pour l'avenir. Le vieux disoit : « Mon enfant, l'expérience m'a rendu sage. J'ai vû bien des choses depuis que je suis au monde. Ne mangeons pas tout notre bien en un seul jour : nous avons fait fortune; c'est un trésor que nous avons trouvé, il faut le ménager. » Le jeune répondit : « Je veux tout manger pendant que j'y suis, et me rassasier pour huit jours : car, pour ce qui est de revenir ici, chansons, il n'y fera pas bon demain; le maître, pour venger la mort de ses poules, nous assommeroit. » Après cette conversation, chacun prend son parti. Le jeune mange tant qu'il se créve, et peut à peine aller mourir dans son terrier. Le vieux, qui se croit bien plus sage de modérer ses appetits et de vivre d'œconomie, va le lendemain retourner à sa proye, et est assommé par le maître. Ainsi chaque âge a ses défauts : les jeunes gens sont fougueux et insatiables dans leurs plaisirs ; les vieux sont incorrigibles dans leur avarice.

FABLE XVII

LE LOUP ET LE JEUNE MOUTON

DES moutons étoient en sûreté dans leur parc; les chiens dormoient, et le berger, à l'ombre d'un grand ormeau, joüoit de la flûte avec d'autres bergers voisins. Un loup affamé vint par les fentes de l'enceinte reconnoître l'état du troupeau. Un jeune mouton sans expérience, et qui n'avoit jamais rien vû, entra en conversation avec lui. « Que venez-vous chercher ici? dit-il au glouton. — L'herbe tendre et fleurie, lui répondit le loup. Vous sçavez que rien n'est plus doux que de paître dans une verte prairie émaillée de fleurs pour appaiser sa faim, et d'aller éteindre sa soif dans un clair ruisseau. J'ai trouvé ici l'un et l'autre. Que faut-il davantage? J'aime la philosophie qui enseigne à se contenter de peu. — Il est donc vrai, repartit le jeune mouton, que vous ne mangez point la chair des animaux, et qu'un peu d'herbe vous suffit? Si cela est, vivons comme freres, et paissons ensemble. » Aussitôt le mouton sort du parc dans la prairie, où le sobre philosophe le mit en pieces et l'avala. Défiez-vous des belles paroles des gens qui se vantent d'être vertueux. Jugez par leurs actions, et non par leurs discours.

FABLE XVIII

LE CHAT ET LES LAPINS

Un chat qui faisoit le modeste étoit entré dans une garenne peuplée de lapins. Aussitôt toute la République allarmée ne songea qu'à s'enfoncer dans ses trous. Comme le nouveau venu étoit au guet auprès d'un terrier, les députez de la nation lapine, qui avoient vû ses terribles griffes, comparurent dans l'endroit le plus étroit de l'entrée du terrier pour lui demander ce qu'il prétendoit. Il protesta d'une voix douce qu'il vouloit seulement étudier les mœurs de la nation; qu'en qualité de philosophe il alloit dans tous les païs pour s'informer des coûtumes de chaque espece d'animaux. Les députez simples et credules retournérent dire à leurs freres que cet étranger si vénérable par son maintien modeste et par sa majestueuse fourrure étoit un philosophe sobre, désinteressé, pacifique; qui vouloit seulement rechercher la sagesse de pays en pays; qu'il venoit de beaucoup d'autres lieux, où il avoit vû de grandes merveilles; qu'il y auroit bien du plaisir à l'entendre, et qu'il n'avoit garde de croquer les lapins, puisqu'il croyoit en bon Bramin la metempsycose, et ne mangeoit d'aucun aliment qui eût eu vie. Ce beau discours toucha l'assemblée. En vain un vieux lapin rusé, qui étoit le docteur de la troupe, représenta combien ce grave philosophe lui étoit suspect; malgré lui on va saluer le bramin, qui etrangla du premier salut sept ou huit de ces pauvres gens. Les autres regagnent leurs trous, bien effrayez et bien honteux de leurs fautes. Alors dom Mittis revint à l'entrée du terrier, protestant d'un ton plein de cordialité qu'il n'avoit fait ce meurtre que malgré lui, pour son pressant besoin; que desormais il vivroit d'autres animaux, et feroit avec eux une alliance éternelle. Aussitôt les lapins entrérent en négociation avec lui, sans se mettre neanmoins à la portée de ses griffes. La négociation dure, on l'amuse. Cependant un lapin des plus agiles sort par les derrieres du terrier, et va avertir un berger voisin, qui aimoit à prendre dans un lac de ces lapins nourris de geniévre. Le berger, irrité contre ce chat exterminateur d'un peuple si utile, accourt au terrier avec un arc et des fléches; il apperçoit le chat qui n'étoit attentif qu'à sa proye; il le perce d'une de ses fléches; et le chat expirant dit ces dernieres paroles : « Quand on a une fois trompé, on ne peut plus être crû de personne ; on est haï, craint, et on est enfin attrapé par ses propres finesses. »

FABLE XIX

LES DEUX SOURIS

UNE souris, ennuyée de vivre dans les périls et dans les allarmes, à cause de Mittis et des Rodilardus, qui faisoient grand carnage de la nation souriquoise, appella sa commere, qui étoit dans un trou de son voisinage. « Il m'est venu, lui dit-elle, une bonne pensée. J'ai lû dans certains livres, que je rongeois ces jours passez, qu'il y a un beau pays nommé les Indes, où notre peuple est mieux traité et plus en sûreté qu'ici. En ce pays-là les sages croyent que l'ame d'une souris a été autrefois l'ame d'un grand capitaine, d'un roi, d'un merveilleux fakire, et qu'elle pourra, après la mort de la souris, entrer dans le corps de quelque belle dame ou de quelque grand pendiar. Si je m'en souviens bien, cela s'appelle metempsycose. Dans cette opinion, ils traitent tous les animaux avec une charité fraternelle : on voit des hôpitaux de souris, qu'on met en pension et qu'on nourrit comme personnes importantes. Allons, ma sœur, partons pour un si beau pays, où la police est si bonne, et où l'on fait justice à notre mérite. » La commere lui répondit : « Mais, ma sœur, n'y a-t-il pas de chats qui entrent dans ces hôpitaux? Si cela étoit, ils feroient en peu de tems bien des metempsycoses : un coup de dent ou de griffe feroit un roi ou un fakire ; merveille dont nous nous passerions très bien. — Ne craignez point cela, dit la premiere; l'ordre est parfait dans ce pays-là : les chats ont leurs maisons comme nous les nôtres, et ils ont aussi leurs hôpitaux d'invalides, qui sont à part. » Sur cette conversation, nos deux souris partent ensemble; elles s'embarquent dans un vaisseau qui alloit faire un voyage de long cours, en se coulant le long des cordages le soir de la veille de l'embarquement : on part; elles sont ravies de se voir sur la mer, loin des terres maudites où les chats exerçoient leur tyrannie. La navigation fut heureuse; ils arrivérent à Surate, non pour amasser des richesses, comme les marchands, mais pour se faire bien traiter par les Indois. A peine furent-elles entrées dans une maison destinée aux souris qu'elles y prétendoient les premieres places. L'une prétendoit se souvenir d'avoir été autrefois un fameux bramin sur la côte de Malabar ; l'autre protestoit qu'elle avoit été une belle dame du même pays avec de longues oreilles. Elles firent tant les insolentes que les souris indiennes ne pûrent les souffrir. Voilà une guerre civile. On donna sans quartier sur ces deux Franguis qui vouloient faire la loi aux autres. Au lieu d'être mangées par les chats, elles furent étranglées par leurs propres sœurs. On a beau aller loin pour éviter le péril ; si on n'est modeste et sensé, on va chercher son malheur bien loin : autant vaudroit-il le trouver chez soi.

FABLE XX

L'ASSEMBLÉE DES ANIMAUX

POUR CHOISIR UN ROI

Le lion étant mort, tous les animaux accoururent dans son antre pour consoler la lionne, sa veuve, qui faisoit retentir de ses cris les montagnes et les forêts. Aprés lui avoir fait leurs complimens, ils commencérent l'élection d'un roi : la couronne du défunt étoit au milieu de l'assemblée. Le lionceau étoit trop jeune et trop foible pour obtenir la royauté sur tant de fiers animaux. « Laissez-moi croître, disoit-il, je sçaurai bien regner et me faire craindre à mon tour. En attendant je veux étudier l'histoire des belles actions de mon pere, pour égaler un jour sa gloire. — Pour moi, dit le leopard, je prétends être couronné : car je ressemble plus au lion que tous les autres prétendants. — Et moi, dit l'ours, je soûtiens qu'on m'avoit fait une injustice, quand on me préfera le lion : je suis fort, courageux, carnacier, tout autant que lui ; et j'ai un avantage singulier, qui est de grimper sur les arbres. — Je vous laisse à juger, Messieurs, dit l'élephant, si quelqu'un peut me disputer la gloire d'être le plus grand, le plus fort et le plus grave de tous les animaux. — Je suis le plus noble et le plus beau, dit le cheval. — Et moi, le plus fin, dit le renard. — Et moi, le plus leger à la course, dit le cerf. — Où trouverez-vous, dit le singe, un roi plus agreable et plus ingénieux que moi? Je divertirai chaque jour mes sujets. Je ressemble même à l'homme, qui est le veritable roi de toute la nature. » Le perroquet alors harangua ainsi : « Puisque tu te vantes de ressembler à l'homme, je puis m'en vanter aussi. Tu ne lui ressembles que par ton laid visage et par quelques grimaces ridicules. Pour moi, je lui ressemble par la voix, qui est la marque de la raison et le plus bel ornement de l'homme. — Tais-toi, maudit causeur, lui répondit le singe : tu parles, mais non pas comme l'homme; tu dis toûjours la même chose, sans entendre ce que tu dis. » L'assemblée se moqua de ces deux mauvais copistes de l'homme; et on donna la couronne à l'élephant, parce qu'il a la force et la sagesse, sans avoir ni la cruauté des bêtes furieuses, ni la sotte vanité de tant d'autres, qui veulent toûjours paroître ce qu'elles ne sont pas.

FABLE XXI

LE SINGE

Un vieux singe malin étant mort, son ombre descendit dans la sombre demeure de Pluton, où elle demanda à retourner parmi les vivans. Pluton vouloit la renvoyer dans le corps d'un âne pesant et stupide, pour lui ôter sa souplesse, sa vivacité et sa malice. Mais elle fit tant de tours plaisans et badins que l'inflexible roi des enfers ne put s'empêcher de rire, et lui laissa le choix d'une condition; elle demanda à entrer dans le corps d'un perroquet. « Au moins, disoit-elle, je conserverai par là quelque ressemblance avec les hommes que j'ai si longtems imités. Étant singe, je faisois des gestes comme eux; et, étant perroquet, je parlerai avec eux dans les plus agréables conversations. » A peine l'ame du singe fut introduite dans ce nouveau métier qu'une vieille femme causeuse l'acheta. Il fit ses délices; elle le mit dans une belle cage. Il faisoit bonne chere et discouroit toute la journée avec la vieille radoteuse, qui ne parloit pas plus sensément que lui. Il joint à son nouveau talent d'étourdir tout le monde je ne sçai quoi de son ancienne profession. Il remüoit sa tête ridiculement. Il faisoit craquer son bec ; il agitoit ses aîles de cent façons, et faisoit de ses pattes plusieurs tours, qui sentoient encore les grimaces de Fagotin. La vieille prenoit à toute heure ses lunettes pour l'admirer. Elle étoit bien fâchée d'être un peu sourde et perdre quelquefois des paroles de son perroquet, à qui elle trouvoit plus d'esprit qu'à personne. Ce perroquet gâté devint bavard, importun et fou. Il se tourmenta si fort dans sa cage, et but tant de vin avec la vieille, qu'il en mourut. Le voilà revenu devant Pluton, qui voulut cette fois le faire passer dans le corps d'un poisson pour le rendre muet ; mais il fit encore une farce devant le roi des Ombres ; et les princes ne résistent gueres aux demandes des mauvais plaisans qui les flatent. Pluton accorda donc à celui-ci qu'il iroit dans le corps d'un homme ; mais, comme le Dieu eut honte de l'envoyer dans le corps d'un homme sage et vertueux, il le destina au corps d'un harangueur ennuyeux et importun, qui mentoit, qui se vantoit sans cesse, qui faisoit des gestes ridicules, qui se moquoit de tout le monde, qui interrompoit toutes les conversations les plus polies et les plus solides pour dire rien, ou les sottises les plus grossieres. Mercure, qui le reconnut dans ce nouvel état, lui dit en riant : « Ho! ho! je te reconnois, tu n'es qu'un composé du singe et du perroquet, que j'ai vû autrefois. Qui t'ôteroit tes gestes et tes paroles apprises par cœur sans jugement ne laisseroit rien de toi. D'un joli singe et d'un bon perroquet, on n'en fait qu'un sot homme. Oh! combien d'hommes dans le monde, avec des gestes façonnés, un petit caquet et un air capable, n'ont ni sens ni conduite! »

FABLE XXII

LES DEUX LIONCEAUX

Deux lionceaux avoient été nourris ensemble dans la même forêt : ils étoient de même âge, de même taille, de même force. L'un fut pris dans de grands filets à une chasse du Grand Mogol ; l'autre demeura dans des montagnes escarpées. Celui qu'on avoit pris fut mené à la Cour, où il vivoit dans les délices ; on lui donnoit chaque jour une gaselle à manger ; il n'avoit qu'à dormir dans une loge, où on avoit soin de le faire coucher mollement. Un eunuque blanc avoit soin de peigner deux fois le jour sa longue criniere dorée. Comme il étoit apprivoisé, le roi même le caressoit souvent ; il étoit gras, poli, de bonne mine, et magnifique, car il portoit un colier d'or, et on lui mettoit aux oreilles des pendans garnis de perles et de diamants ; il méprisoit tous les autres lions qui étoient dans les loges voisines, moins belles que la sienne, et qui n'étoient pas en faveur comme lui. Ces prosperitez lui enflérent le cœur ; il crut être un grand personnage, puisqu'on le traitoit si honorablement. La Cour où il brilloit lui donna le goût de l'ambition ; il s'imaginoit qu'il auroit été un heros, s'il eût habité les forêts. Un jour, comme on ne l'attachoit plus à sa chaîne, il s'enfuit du palais et retourna dans le pays où il avoit été nourri. Alors le roi de toute la nation lionne venoit de mourir, et on avoit assemblé les états pour lui choisir un successeur. Parmi beaucoup de prétendants, il y en avoit un qui effaçoit tous les autres par sa fierté et par son audace ; c'étoit cet autre lionceau qui n'avoit point quitté les deserts. Pendant que son compagnon avoit fait fortune à la Cour, le solitaire avoit souvent aiguisé son courage par une cruelle faim : il étoit accoutumé à ne se nourir qu'au travers des plus grands périls et par des carnages. Il déchiroit et troupeaux et bergers ; il étoit maigre, hérissé, hideux ; le feu et le sang sortoient de ses yeux ; il étoit leger, nerveux, accoutumé à grimper et à s'élancer, intrépide, contre les épieux et les dards. Les deux anciens compagnons demandèrent le combat, pour décider qui regneroit ; mais une vieille lionne sage et experimentée, dont toute la république respectoit les conseils, fut d'avis de mettre d'abord sur le trône celui qui avoit étudié la politique à la Cour. Bien des gens murmuroient, disant qu'elle vouloit qu'on préférât un personnage vain et voluptueux à un guerrier qui avoit appris dans la fatigue et dans les périls à soutenir les grandes affaires. Cependant l'autorité de la vieille lionne prévalut : on mit sur le trône le lion de Cour. D'abord il s'amollit dans les plaisirs ; il n'aima que le faste ; il usoit de souplesse et de ruse pour cacher sa cruauté et sa tyrannie. Bientôt il fut haï, méprisé, détesté. Alors la vieille lionne dit : « Il est tems de le détrôner. Je sçavois bien qu'il étoit indigne d'être roi ; mais je voulois que vous en eussiez un gâté par la mollesse et par la politique, pour vous mieux faire sentir ensuite le prix d'un autre, qui a mérité la royauté par sa patience et par sa valeur. C'est maintenant qu'il faut les faire combattre l'un contre l'autre. » Aussitôt on les mit dans un champ clos, où les deux champions servirent de spectacle à l'assemblée ; mais le spectacle ne fut pas long. Le lion amolli trembloit, et n'osoit se présenter à l'autre : il fuit honteusement et se cache ; l'autre le poursuit, et lui insulte. Tous s'écriérent : « Il faut l'égorger, et le mettre en pieces. — Non, non, répondit son adversaire, quand on a un ennemi si lâche, il y auroit de la lâcheté à le craindre. Je veux qu'il vive ; il ne mérite pas de mourir. Je sçaurai bien regner sans m'embarasser de le tenir soûmis. » En effet, le vigoureux lion regna avec sagesse et autorité. L'autre fut très content de lui faire bassement sa cour, d'obtenir de lui quelques morceaux de chair, et de passer sa vie dans une oisiveté honteuse.

FABLE XXIII

LES ABEILLES

Un jeune prince, au retour des Zéphirs, lorsque toute la nature se ranime, se promenoit dans un jardin délicieux; il entendit un grand bruit, et apperçut une ruche d'abeilles. Il s'approche de ce spectacle, qui étoit nouveau pour lui; il vit avec étonnement l'ordre, le soin et le travail de cette petite République. Les cellules commençoient à se former et à prendre une figure reguliere. Une partie des abeilles les remplissoient de leur doux nectar; les autres apportoient des fleurs qu'elles avoient choisies entre toutes les richesses du printems. L'oisiveté et la paresse étoit banie de ce petit État : tout y étoit en mouvement, mais sans confusion et sans trouble. Les plus considerables d'entre les abeilles conduisoient les autres, qui obéïssoient sans murmure et sans jalousie contre celles qui étoient au-dessus d'elles. Pendant que le jeune prince admiroit cet objet, qu'il ne connoissoit pas encore, une abeille, que toutes les autres reconnoissoient pour leur reine, s'approcha de lui et lui dit : « La vûe de notre ouvrage et de notre conduite vous réjouit ; mais elle doit encore plus vous instruire. Nous ne souffrons point parmi nous le desordre ni la licence : on n'est considerable parmi nous que par son travail et par les talens qui peuvent être utiles à notre République. Le mérite est la seule voye qui éleve aux premieres places. Nous ne nous occupons nuit et jour qu'à des choses dont les hommes retirent toute l'utilité. Puissiez-vous être un jour comme nous, et mettre dans le genre humain l'ordre que vous admirez chez nous ! »

FABLE XXIV

L'ABEILLE ET LA MOUCHE

Un jour une abeille apperçut une mouche auprès de sa ruche. « Que viens-tu faire ici? lui dit-elle d'un ton furieux. Vraiment c'est bien à toi, vil animal, à te mêler avec les reines de l'air. — Tu as raison, répondit froidement la mouche : on a toûjours tort de s'approcher d'une nation aussi fougueuse que la vôtre. — Rien n'est plus sage que nous, dit l'abeille : nous seules avons des loix et une République bien policée; nous ne cueillons que des fleurs odoriferantes; nous ne faisons que du miel délicieux, qui égale le nectar. Ote-toi de ma présence, vilaine mouche importune, qui ne fais que bourdonner et chercher ta vie sur les ordures. — Nous vivons comme nous pouvons, répondit la mouche : la pauvreté n'est pas un vice; mais la colere en est un grand : vous faites du miel qui est doux, mais votre cœur est toûjours amer; vous êtes sages dans vos loix, mais emportées dans votre conduite. Votre colere, qui pique vos ennemis, vous donne la mort, et votre folle cruauté vous fait plus de mal qu'à personne. Il vaut mieux avoir des qualitez moins éclatantes, avec plus de moderation. »

FABLE XXV

LES ABEILLES ET LES VERS A SOYE

Un jour les abeilles monterent jusques dans l'Olympe aux pieds du thrône de Jupiter, pour le prier d'avoir égard au soin qu'elles avoient pris de son enfance, quand elles le nourrirent de leur miel sur le mont Ida. Jupiter voulut leur accorder les premiers honneurs entre tous les petits animaux. Minerve, qui préside aux arts, lui représenta qu'il y avoit une autre espece qui disputoit aux abeilles la gloire des inventions utiles. Jupiter voulut en sçavoir le nom. « Ce sont les vers à soye », répondit-elle. Aussitôt le premier des dieux ordonna à Mercure de faire venir sur les aîles des doux zéphyrs des députez de ce petit peuple, afin qu'on pût entendre les raisons des deux partis. L'abeille ambassadrice de sa nation représenta la douceur du miel qui est le nectar des hommes, son utilité, l'artifice avec lequel il est composé ; puis elle vanta la sagesse des loix qui policent la république volante des abeilles. « Nulle autre espece d'animaux, disoit l'orateur, n'a cette gloire, et c'est une récompense d'avoir nourri dans un antre le pere des Dieux. De plus nous avons en partage la valeur guerriere quand notre roi anime nos troupes dans les combats. Comment est-ce que ces vers, insectes vils et méprisables, oseroient nous disputer le premier rang? Ils ne sçavent que ramper pendant que nous prenons un noble essor et que de nos aîles dorées nous montons jusques vers les astres? » Le harangueur des vers à soye répondit : « Nous ne sommes que de petits vers, et nous n'avons ni ce grand courage pour la guerre, ni ces sages loix; mais chacun de nous montre les merveilles de la nature, et se consume dans un travail utile. Sans loix nous vivons en paix, et on ne voit jamais de guerres civiles chez nous, pendant que les abeilles s'entretuent à chaque changement de roi. Nous avons la vertu de Prothée pour changer de forme. Tantôt nous sommes de petits vers composez d'onze petits anneaux entrelassez avec la varieté des plus vives couleurs qu'on admire dans les fleurs d'un parterre. Ensuite nous filons de quoi vêtir les hommes les plus magnifiques jusques sur le thrône et de quoi orner les temples des Dieux. Cette parure si belle et si durable vaut bien du miel, qui se corrompt bientôt. Enfin nous nous transformons en feve, mais en feve qui sent, qui se meut, et qui montre toûjours de la vie. Après ces prodiges, nous devenons tout à coup des papillons avec l'éclat des plus riches couleurs. C'est alors que nous ne cedons plus aux abeilles pour nous élever d'un vol hardi jusques vers l'Olympe. Jugez maintenant, ô Pere des dieux. » Jupiter, embarrassé pour la décision, déclara enfin que les abeilles tiendroient le premier rang à cause de droits qu'elles avoient acquis depuis les anciens tems. « Quel moyen, dit-il, de les dégrader ? je leur ai trop d'obligation ; mais je crois que les hommes doivent encore plus aux vers à soye. »

FABLE XXVI

LE HIBOU QUI SE VEUT MARIER

Un jeune hibou qui s'étoit vû dans une fontaine et qui se trouvoit plus beau, je ne dis pas que le jour, car il le trouvoit fort desagréable, mais que la nuit, qui avoit de grands charmes pour lui, disoit en lui-même : « J'ai sacrifié aux Graces; Venus a mis sur moi sa ceinture dans ma naissance; les tendres Amours accompagnez des jeux et des ris voltigent autour de moi pour me caresser. Il est tems que le blond Hymenée me donne des enfans gracieux comme moi; ils seront l'ornement des boccages, et les délices de la nuit. Quel dommage que la race des plus parfaits oiseaux se perdît! heureuse l'épouse qui passera sa vie à me voir! » Dans cette pensée il envoie la corneille demander de sa part une petite aiglonne fille de l'aigle roi des airs. La corneille avoit peine à se charger de cette ambassade. « Je serai mal reçûë, disoit-elle, de proposer un mariage si mal assorti. Quoi! l'aigle, qui ose regarder fixement le soleil, se marieroit avec vous qui ne sçauriez seulement ouvrir les yeux tandis qu'il est jour? C'est le moyen que les deux époux ne soient jamais ensemble; l'un sortira le jour et l'autre la nuit. » Le hibou, vain et amoureux de lui-même, n'écouta rien. La corneille, pour le contenter, alla enfin demander l'aiglonne. On se moqua de sa folle demande; l'aigle lui répondit : « Si le hibou veut être mon gendre, qu'il vienne après le lever du soleil me saluer au milieu de l'air. » Le hibou présomptueux y voulut aller. Ses yeux furent d'abord éblouïs. Il fut aveuglé par les rayons du soleil, et tomba du haut de l'air sur un rocher. Tous les oiseaux se jetterent sur lui et lui arracherent ses plumes. Il fut trop heureux de se cacher dans son trou et d'épouser la chouette, qui fut une digne dame du lieu. Leur hymen fut celebré la nuit, et ils se trouverent l'un et l'autre très beaux et très agréables. Il ne faut rien chercher au-dessus de soi, ni se flatter sur ses avantages.

FABLE XXVII

DU BERGER CLÉOBULE ET DE LA NYMPHE PHIDILE

UN berger rêveur menoit son troupeau sur les rives fleuries du fleuve Acheloüs. Les Faunes et les Satyres cachez dans les bocages voisins dansoient sur l'herbe au doux son de sa flute. Les Nayades cachées dans les ondes du fleuve leverent leurs têtes audessus des roseaux pour écouter ses chansons. Acheloüs lui-même, appuyé sur son urne panchée, montroit son front où il ne restoit plus qu'une corne depuis son combat avec le grand Hercules, et cette mélodie suspendit pour un peu de tems les peines de ce dieu vaincu. Le berger étoit peu touché de voir ces Nayades, qui l'admiroient : il ne pensoit qu'à la bergere Phidile, simple, naïve, sans aucune parure, à qui la fortune ne donna jamais d'éclat emprunté, et que les Graces seules avoient ornée et embellie de leurs propres mains. Elle sortoit de son village, ne son-

geant qu'à faire paître ses moutons. Elle seule
ignoroit sa beauté. Toutes les autres bergeres en
étoient jalouses. Le berger l'aimoit et n'osoit le
lui dire. Ce qu'il aimoit le plus en elle, c'étoit
cette vertu simple et severe qui écartoit les amans,
et qui fait le vrai charme de la beauté; mais la
passion ingenieuse fait trouver l'art de représenter
ce qu'on n'oseroit dire ouvertement. Il finit donc
toutes ses chansons les plus agréables pour en
commencer une qui pût toucher le cœur de cette
bergere. Il sçavoit qu'elle aimoit la vertu des heros
qui ont acquis de la gloire dans les combats. Il
chanta sous un nom supposé ses propres avantures, car en ce temps les heros mêmes étoient
bergers et ne méprisoient point la houlette. Il
chanta donc ainsi : « Quand Polynice alla assiéger
la ville de Thebes pour renverser du thrône son
frere Etheocles, tous les rois de la Grece parurent
sous les armes, et poussoient leurs chariots contre
les assiégez. Adraste, beau pere de Polynice, abbat-
toit les troupes de soldats et les capitaines comme
un moissonneur de sa faulx tranchante coupe les
moissons. D'un autre côté le devin Amphiaraüs,
qui avoit prévû son malheur, s'avançoit dans la
mêlée, et fut tout à coup englouti par la terre qui
ouvrit ses abîmes pour le précipiter dans les sombres rives du Styx. En tombant il déploroit son
infortune d'avoir eu une femme infidelle. Assez

Fables de Fénelon.

près de là on voyoit les deux freres fils d'Œdipe qui s'attaquoient avec fureur. Comme un leopard et un tygre qui s'entredechirent dans les rochers du Caucase, ils se rouloient tous deux dans le sable, chacun paroissant alteré du sang de son frere. Pendant cet horrible spectacle, Cleobule, qui avoit suivi Polynice, combatit contre un vaillant Thebain que le Dieu Mars rendoit presque invincible. La fleche du Thebain conduite par le Dieu auroit percé le cou de Cleobule, s'il ne se fût détourné promtement : aussitôt Cleobule lui enfonça son dard jusqu'au fond des entrailles. Le sang du Thebain ruisselle, ses yeux s'éteignent, sa bonne mine et sa fierté le quittent, la mort efface ses beaux traits ; sa jeune épouse du haut d'une tour le vit mourant, et eut le cœur percé d'une douleur inconsolable. Dans son malheur je le trouve heureux d'avoir été aimé et plaint : je mourrois comme lui avec plaisir, pourvû que je puisse être aimé de même. A quoi servent la valeur et la gloire des plus fameux combats, à quoi servent la jeunesse et la beauté, quand on ne peut ni plaire ni toucher ce qu'on aime? » La bergere, qui avoit prêté l'oreille à une si tendre chanson, comprit que ce berger étoit Cleobule, vainqueur du Thebain. Elle devint sensible à la gloire qu'il avoit acquise, aux graces qui brilloient en lui, et aux maux qu'il souffroit pour elle. Elle lui donna

sa main et sa foi. Un heureux hymen les joignit ;
bientôt leur bonheur fut envié des bergers d'alentour et des divinitez champêtres. Ils égalerent par leur union, par leur vie innocente, par leurs plaisirs rustiques jusques dans une extrême vieillesse, la douce destinée de Philemon et de Baucis.

FABLE XXVIII

CHROMIS ET MNASYLE

CHROMIS.

CE bocage a une fraîcheur délicieuse : les arbres en sont grands, le feuillage épais, les allées sombres; on n'y entend d'autre bruit que celui des rossignols qui chantent leurs amours.

MNASYLE.

Il y a ici des beautez encore plus touchantes.

CHROMIS.

Quoi donc! veux-tu parler de ces statuës? je ne les trouve gueres jolies : en voilà une qui a l'air bien grossier.

MNASYLE.

Elle représente une femme; mais n'en parlons pas, car tu connois un de nos bergers qui en a déja dit tout ce que l'on en peut dire.

Chromis.

Quoi donc ! est-ce cette autre qui est panchée au dessus de la fontaine ?

Mnasyle.

Non, je n'en parle point : le berger Lycidas l'a chantée sur sa flûte, et je n'ai garde d'entreprendre de louer après lui.

Chromis.

Quoi donc ! cette statuë qui représente une jeune femme ?

Mnasyle.

Ouy. Elle n'a point cet air rustique des deux autres : aussi est-ce une plus grande divinité. C'est Pomone, ou au moins une Nymphe. Elle tient d'une main une corne d'abondance pleine de tous les doux fruits de l'automne ; de l'autre elle porte un vase d'où tombent en confusion des piéces de monnoye ; ainsi elle tient en même tems les fruits de la terre qui sont les richesses de la simple nature, et les thresors auxquels l'art des hommes donne un si haut prix.

Chromis.

Elle a la tête un peu panchée : pourquoi cela ?

Mnasyle.

Il est vrai ; c'est que toutes figures faites pour

être posées en des lieux élevez, et pour être vûes d'en bas, sont mieux au point de vûe quand elles sont un peu panchées vers les spectateurs.

CHROMIS.

Mais quelle est donc cette coeffure? elle est inconnue à nos bergeres.

MNASYLE.

Elle est pourtant très negligée, et elle n'en est pas moins gracieuse. Ce sont des cheveux bien partagez sur le front, qui pendent un peu sur les costez avec une frisure naturelle, et qui se nouent par derriere.

CHROMIS.

Et cet habit, pourquoi tant de plis?

MNASYLE.

C'est un habit qui a le même air de negligence : il est attaché par une ceinture, afin que la Nymphe puisse aller plus commodement dans ces bois ; ces plis flottans font une drapperie plus agréable que des habits étroits et façonnez. La main de l'ouvrier semble avoir amolli le marbre pour faire des plis si délicats; vous voyez même le nud sous cette drapperie : ainsi vous trouvez tout ensemble la tendresse de la chair, avec la varieté des plis de la drapperie.

CHROMIS.

Ho! ho! te voilà bien sçavant; mais, puisque tu sçais tout, dis-moi : cette corne d'abondance, est-ce celle du fleuve Acheloüs arrachée par Hercules, ou bien celle de la chevre Amalthée, nourrice de Jupiter sur le mont Ida?

MNASYLE.

Cette question est encore à décider ; cependant je cours à mon troupeau. Bonjour.

TABLE

	Pages
Préface, par Hippolyte Fournier.	i
Note	xi
Fable I. — Les Avantures d'Aristonoüs.	1
Fable II. — Les Avantures de Melesichton	18
Fable III. — Aristée et Virgile	26
Fable IV. — Histoire d'Alibeg, Persan	29
Fable V. — Histoire de Rosimond et de Braminte .	37
Fable VI. — Histoire de Florise.	48
Fable VII. — Histoire du roi Alfaroute et de Clariphile	54
Fable VIII. — Histoire d'une vieille reine et d'une jeune paysanne.	59
Fable IX. — Fable de Lycon	64
Fable X. — Fable d'un jeune prince	67
Fable XI. — Le jeune Bacchus et le Faune	70
Fable XII. — Le Rossignol et la Fauvette.	72
Fable XIII. — Le Fantasque	75
Fable XIV. — La Médaille	80

Fable XV. — Fable du Dragon et des Renards . .	83
Fable XVI. — Les deux Renards	85
Fable XVII. — Le Loup et le jeune Mouton . . .	87
Fable XVIII. — Le Chat et les Lapins	89
Fable XIX. — Les deux Souris	92
Fable XX. — L'Assemblée des animaux pour choisir un roi	95
Fable XXI. — Le Singe.	97
Fable XXII. — Les deux Lionceaux	100
Fable XXIII. Les Abeilles	103
Fable XXIV. — L'Abeille et la Mouche.	105
Fable XXV. — Les Abeilles et les Vers à soye. . .	107
Fable XXVI. — Le Hibou qui se veut marier . . .	110
Fable XXVII. — Du berger Cléobule et de la nymphe Phidile	112
Fable XXVIII — Chromis et Mnasyle	116

Imprimé par Jouaust et Sigaux

POUR LA COLLECTION

DES PETITS CHEFS-D'ŒUVRE

M DCCC LXXXIV

EN VENTE

1. *Voyage autour de ma chambre*, de X. de Maistre. 2 fr. 50
2. *Turcaret*, de Le Sage. . . . . 3 fr. 50
3. *Le Méchant*, de Gresset (v. n° 4). . . . . . . 3 fr. 50
4. *Ver-Vert, etc.*, de Gresset (v. n° 3). . . . . . 2 fr. »
5. *La Servitude volontaire*, de La Boëtie. . . . . 2 fr. 50
6. *Contes d'Hamilton*, 4 vol. . . . . 13 fr. 50
7. *Voyage de Chapelle et de Bachaumont*. . . . . 2 fr. 50
8. *L'Art d'aimer*, de Gentil Bernard. . . . . . . 2 fr. 50
9. *Le Temple de Gnide — Arsace et Isménie*. . . 3 fr. 50
10. *Le Neveu de Rameau*, de Diderot. . . . . . . 4 fr. »
11. *Voyage en Laponie*, de Regnard. . . . . 3 fr 50
12. *La Chaumière indienne. — Le Café de Surate*. 3 fr. »
13. *Lettres portugaises*. . . . . 3 fr. »
14. *La Farce de Pathelin*. . . . . 3 fr. 50
15. *La Gastronomie*, de Berchoux. . . . . 3 fr. »
16. *La Métromanie*, de Piron. . . . . 4 fr. »
17. *Le Diable amoureux*, de Cazotte. . . . . . . 3 fr. 50
18. *La Dot de Suzette*, de Fiévée. . . . . 4 fr. »
19. *Mémoires de Perrault*. . . . . 4 fr. »
20. *Lettres de Mademoiselle Aïssé*. . . . . 5 fr. »
21. *Ourika*, de Mme de Duras (v. n° 23). . . . . 2 fr. 50
22. *Madrigaux de La Sablière*. . . . . 4 fr. »
23. *Édouard*, de Mme de Duras (v. n° 21). . . . . 4 fr. »
24. *Adolphe*, de Benjamin Constant. . . . . 4 fr. »
25. *Clavijo*, de Beaumarchais. . . . . 3 fr. »
26. *Le Philosophe sans le savoir*, de Sedaine. . . 3 fr 50
27. *Mademoiselle de Clermont*, de Mme de Genlis. . 3 fr. »
28. *Contes et Poésies diverses* d'Hégésippe Moreau (v. n° 34). 4 fr. »
29. *Réflexions sur le divorce*, de Mme Necker. . . 3 fr. »
30. *Discours sur les passions de l'amour*, de Pascal. 3 fr. 50
31. *Conseils à une amie*, de Mme de Puysieux. . . 3 fr. 50
32. *Œuvres choisies de Gilbert*. . . . . 3 fr. »
33. *Rêveries du promeneur solitaire*, de J.-J. Rousseau. . . . . 4 fr. 50
34. *Chansons d'Hégésippe Moreau* (v. n° 28). . . 3 fr. 50
35. *Mémoires d'un Jeune Espagnol*, de Florian. . . 3 fr. »
36. *Le Glorieux*, de Destouches. . . . . 4 fr. »
37. *La Coupe enchantée*, de La Fontaine. . . . . . 3 fr. 50
38. *Est-il bon ? Est-il méchant ?* de Diderot. . . . 4 fr. »

Novembre 1884.

www.ingramcontent.com/pod-product-compliance
Lightning Source LLC
Chambersburg PA
CBHW060136100426
42744CB00007B/801